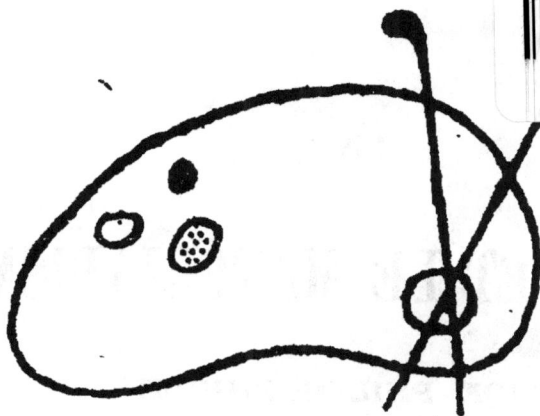

Début d'une série de documents
en couleur

LA

SCIENCE ET LE MATÉRIALISME

ÉTUDE PHILOSOPHIQUE

PRÉCÉDÉE D'UN

DISCOURS AUX ÉTUDIANTS SUISSES

PAR

ERNEST NAVILLE

Docteur en philosophie honoris causa de l'Université de Zurich,
Professeur honoraire de l'Université de Genève,

PUBLIÉ PAR LE COMITÉ D'INITIATIVE DU JUBILÉ
DE M. ERNEST NAVILLE.

GENÈVE
A. CHERBULIEZ, ÉDITEUR
Rue Bovy-Lysberg

PARIS
C. FISCHBACHER, LIBRAIRE
33, Rue de Seine

1891

DU MÊME AUTEUR

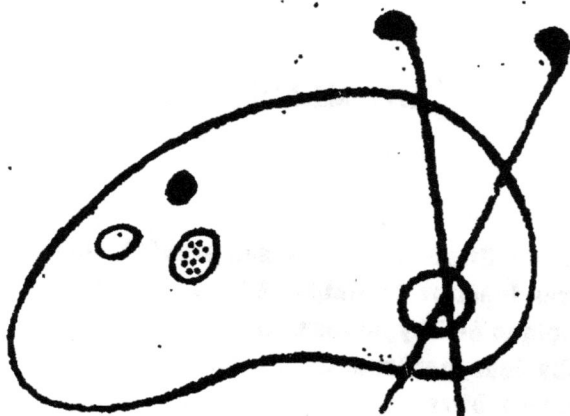

Fin d'une série de documents
en couleur

LA SCIENCE

ET

LE MATÉRIALISME

OUVRAGES DE M. NAVILLE

*à consulter pour le développement des idées
contenues dans le présent volume.*

LE LIBRE ARBITRE. Paris, Fischbacher. 1890.

LA LOGIQUE DE L'HYPOTHÈSE. Paris, Germer-Baillière. 1880.

LA PHYSIQUE MODERNE, 2e édition. Paris, Alcan. 1890.

LA

SCIENCE ET LE MATÉRIALISME

ÉTUDE PHILOSOPHIQUE

PRÉCÉDÉE D'UN

DISCOURS AUX ÉTUDIANTS SUISSES

PAR

ERNEST NAVILLE

Docteur en philosophie honoris causa de l'Université de Zurich,
Professeur honoraire de l'Université de Genève.

PUBLIÉ PAR LE COMITÉ D'INITIATIVE DU JUBILÉ
DE M. ERNEST NAVILLE.

GENÈVE
A. CHERBULIEZ, ÉDITEUR
Rue Bovy-Lysberg;

PARIS
C. FISCHBACHER, LIBRAIRE
33, Rue de Seine.

1891

AVANT-PROPOS

Le Comité qui s'est chargé de la publication de ce petit volume a, par ce fait, accordé à la direction générale de ma pensée une approbation qui m'est précieuse. Il est à peine nécessaire d'ajouter qu'il n'a pas entendu se rendre solidaire des opinions particulières par lesquelles je puis me trouver en désaccord sur certains points avec des hommes qui, sans accepter toutes mes vues, ont voulu prendre part à une manifestation de sympathie pour laquelle j'éprouve une bien juste reconnaissance dont je dépose ici le témoignage.

ERNEST NAVILLE.

Genève, le 5 Février 1891.

DISCOURS

AUX ÉTUDIANTS SUISSES

Étudiants Suisses ! mes jeunes compatriotes !

Le travail sur la science et le matérialisme qui fait suite aux paroles que je vous adresse directement ici a été publié en grande partie dans la *Revue philosophique de la France et de l'étranger* ; mais je vous le dédie, parce que c'est en pensant à vous qu'il a été composé. Je vous parle comme un vieux étudiant [1] qui vient communiquer à des étudiants plus jeunes l'un des principaux résultats de longues années d'expériences, de lectures et de réflexions. Mon étude, si vous prenez la peine de la lire avec l'attention que réclame le sujet traité, contribuera peut-être à vous prémunir contre l'influence d'une

---

[1] Je présidais, en 1836, il y a donc cinquante-quatre ans, l'assemblée générale annuelle de la Société de Zofingue.

doctrine qui n'avait dans ma jeunesse que de très rares défenseurs, et dont la recrudescence est un des caractères saillants du mouvement actuel de la pensée.

Des voix bruyantes disent bien haut et répètent souvent que le matérialisme est le produit naturel des progrès de la science contemporaine, et que ses affirmations reposent aujourd'hui sur une base inébranlable. Or, cette doctrine, je la tiens pour fausse et pour funeste. Fausse, parce qu'elle contredit les données d'une étude sérieuse et complète des faits ; funeste, parce qu'elle est de nature à détruire, non seulement les espérances de la religion, au sens le plus large de ce terme, mais les bases de la moralité.

Le professeur Hæckel proteste contre la confusion entre le matérialisme moral, qui conduit à la recherche exclusive des plaisirs sensuels, et le matérialisme scientifique dont il est l'un des partisans les plus connus [1]. Plusieurs de ses confrères parlent de même. La protestation est juste en ce qui concerne les individus. Si vous pensiez qu'un philosophe matérialiste mène nécessairement une vie sensuelle, vous commettriez une erreur analogue à celle dans laquelle vous tomberiez en admettant

---

[1] *Histoire de la Création* (pages 33 à 35).

qu'un penseur qui professe le spiritualisme a nécessairement une conduite réglée selon les lois de l'esprit. De même qu'il peut y avoir des spiritualistes fort adonnés à la recherche des plaisirs des sens, il peut y avoir, et il y a, des matérialistes vertueux ; mais ceci demande une explication.

Les calculs de la prudence peuvent produire une règle de vie extérieurement conforme à la loi morale. Épicure, quoiqu'il plaçât le souverain bien dans les plaisirs des sens, a été, selon les meilleurs témoignages, un homme d'une sobriété remarquable. Il avait reconnu que la tempérance est le meilleur des calculs, parce que la faim est le meilleur des cuisiniers. Il s'agit alors d'une simple apparence de moralité, de la conduite des hommes que Socrate nomme ingénieusement dans le *Phédon* des tempérants par intempérance. Il y a des matérialistes qui ne rentrent pas dans cette catégorie, qui sont vraiment vertueux, parce qu'ils observent les lois morales, non par un calcul intéressé, mais par un vrai sentiment du devoir. Comment concilier ce fait avec l'affirmation que le matérialisme détruit les bases de la moralité ?

Le fait a deux explications. La première est que l'homme est un être essentiellement capable d'inconséquence. L'inconséquence est un malheur pour ceux qui professent des doctrines conformes à la

vérité ; elle est un bienfait pour les partisans de
doctrines fausses. Il est des matérialistes doués d'un
ferme sentiment moral dont ils suivent les impul-
sions sans se rendre compte que le principe de leurs
actes est en contradiction avec leur théorie ; il
existe chez eux un divorce entre la vie et la science.
La seconde explication du fait est que l'étude est un
préservatif souvent efficace contre les entraînements
d'une vie sensuelle et frivole. L'activité de la pensée,
lors même que la pensée s'égare, est une source de
jouissances nobles, que ceux qui les ont éprouvées
préfèreront toujours aux satisfactions d'un ordre
inférieur. J'admets donc, et cela sans réserve aucune, qu'il peut se rencontrer des matérialistes d'un
caractère moral élevé qui pratiquent sérieusement
le devoir. Mais ce qui est vrai de quelques individus,
et spécialement des hommes adonnés à l'étude,
n'est pas vrai en général. M. Hæckel, qui peut pro-
tester avec raison contre des imputations person-
nelles injustes, se trompe absolument lorsqu'il
affirme qu'entre le matérialisme théorique et le
matérialisme des mœurs, il n'y a « rien de commun. » Écoutez à ce sujet les réflexions de Leibniz :

Après avoir parlé des doctrines qui sont de nature à ébranler les bases de la religion et de la
moralité, il ajoute : « Je sais que d'excellents hommes
« et bien intentionnés soutiennent que ces opinions

« théoriques ont moins d'influence dans la pratique
« qu'on ne pense, et je sais aussi qu'il y a des
« personnes d'un excellent naturel que les opinions
« ne feront jamais rien faire d'indigne d'elles. Ceux
« qui sont venus à ces erreurs par la spéculation
« ont coutume d'être naturellement éloignés des
« vices dont le commun des hommes est suscep-
« tible, outre qu'ils ont soin de la dignité de la
« secte où ils sont comme des chefs ; et l'on peut
« dire qu'Épicure et Spinoza, par exemple, ont
« mené une vie tout à fait exemplaire. Mais ces
« raisons cessent le plus souvent dans leurs dis-
« ciples ou imitateurs qui, se croyant déchargés de
« l'importune crainte d'une Providence surveillante
« et d'un avenir menaçant, lâchent la bride à leurs
« passions brutales et tournent leur esprit à séduire
« et à corrompre les autres. [1] »

Ces paroles sont justifiées par l'observation des
faits. Les simples sectateurs d'une mauvaise philosophie, ceux qui la reçoivent d'une façon plus ou
moins passive, n'ont pas, comme les chefs d'école,
le préservatif qui se trouve dans un travail actif de
la pensée. Les disciples d'Épicure n'ont pas, en
général, imité l'austère sobriété de leur maître. Dans
la transmission d'une doctrine, l'inconséquence finit

---

[1] *Nouveaux essais sur l'entendement humain.* Livre IV,
chapitre 16.

par disparaître et la logique retrouve ses droits.
Or, quelles sont les conséquences logiques du matérialisme ?

L'essence de cette doctrine, telle qu'elle se main-
tient dans la diversité de ses manifestations, est une
conception mécanique de l'univers, l'homme compris. Cette conception d'un monde où tout se passe
selon les lois immuables du mouvement n'est pas
nécessairement athée. Avec les données de la science
moderne, il ne peut être question d'expliquer les
phénomènes par les combinaisons fortuites d'atomes
se mouvant au hasard dans l'espace ; tout s'explique
par les lois du mouvement. Ces lois sont une manifestation d'intelligence. Rien ne s'oppose donc à ce
que, en affirmant la nature mécanique du monde,
on place à son origine un moteur intelligent. Bien
que le matérialisme soit généralement athée, il ne
l'est donc pas par essence et nécessairement ; il
pourrait s'allier avec une sorte de déisme, mais
voici ses irréfutables conséquences.

Les pensées, les sentiments, les actions de l'homme
sont des phénomènes régis, comme la circulation
des astres ou la formation des cristaux, par les lois
des mouvements de la matière. Dans un tel monde,
il n'y a aucune place pour la liberté et pour la responsabilité. La liberté est une chimère et la responsabilité une conception enfantine qui ne résiste

pas à l'examen d'une pensée sérieuse. Persuadez à un homme que le pouvoir d'action qu'il s'attribue est une illusion, qu'il lui est impossible de choisir entre les divers attraits qui le sollicitent, qu'arrivera-t-il ? S'il n'admet pas un divorce de la science et de la vie, divorce qui suppose une absence totale d'esprit philosophique, vous tarirez en lui la source de l'effort dans la mesure du caractère logique de sa pensée. Voilà la base de la morale renversée.

Autre conséquence de la doctrine : Ce que nous appelons l'âme ou l'esprit n'a aucune réalité propre, n'est pas un être en soi ; c'est une manifestation passagère des lois du mouvement universel appliquées à l'agrégat qui forme le corps humain ; c'est un simple produit de l'organisme. L'organisme étant détruit, tous les phénomènes psychiques cessent ; la dissolution du corps est la destruction de l'esprit. L'idée d'une vie au delà du tombeau est une de ces superstitions condamnées sans appel par la science. Voilà le fondement de toutes les espérances religieuses de l'humanité détruit.

Qu'ont à faire les hommes admettant qu'il n'y a pour eux ni liberté, ni responsabilité, ni avenir au delà de la vie de la terre ? Ils céderont sans effort à l'attrait des jouissances présentes. Ces jouissances seront différentes, selon la nature des individus. Quelques-uns chercheront leur plaisir dans le travail de la pensée, dans les arts, dans les affections pour les personnes. Matérialistes inconséquents, ils mèneront une vie qui sera une protestation contre leur doctrine. Mais les jouissances les plus généralement appréciées sont celles des sens. Pour la plupart des individus, le matérialisme scientifique produira le matérialisme de la vie. Ce matérialisme pratique portera les uns à s'abandonner sans résistance à leurs passions, comme le prescrivait Aristippe, et les autres à régler leur existence selon les calculs de la sagesse d'Épicure. Dans un cas, comme dans l'autre, les sources de la vie morale sont atteintes.

Telles sont les conséquences du matérialisme. Plusieurs des partisans de la doctrine les avouent et les proclament, en déchargeant de tous les soucis de la vie morale l'homme dont ils font un rouage irresponsable de la machine de l'univers. D'autres maintiennent dans leurs paroles quelques éléments de liberté, au prix des plus étranges contradictions. C'est ainsi, par exemple, que le docteur Büchner affirme que le libre-arbitre joue « un rôle très-secondaire dans les actions de l'homme », que « l'admission du libre-arbitre doit être restreinte dans les limites les plus étroites », et dit, en même temps, que « les actions, la volonté, les pensées et les sentiments de l'homme sont fatalement soumis aux lois

immuables qui régissent l'univers » [1]. La contradiction est manifeste. Établir qu'une quantité est
faible et conclure qu'elle est *nulle* est un paralogisme
caractérisé. Ce qui est manifeste aussi, c'est que
l'universelle fatalité est la seule conclusion logique
de la doctrine de l'auteur.

Le matérialisme est donc une erreur funeste. Il
s'introduit chez nous ; mais il s'y présente avec le
caractère d'une importation étrangère ; il est directement contraire à nos meilleures traditions nationales. Je désire, étudiants suisses, vous présenter
à ce sujet des considérations dont il importe de bien
préciser d'abord le sens et la portée pour prévenir
tout malentendu.

Il y a, il y aura toujours des littératures nationales, parce que l'expression littéraire des sentiments et des pensées subit nécessairement l'influence
de la nature des divers pays et de leur histoire. Nos
lacs et nos Alpes, les souvenirs de nos aïeux sont
pour la poésie une *source d'inspiration* autre que
celle des riverains de l'Océan ou des habitants des
steppes de la Russie. Mais, si l'expression des sentiments varie, la vérité est une ; et la science qui
est la recherche de cette vérité ne peut pas devenir
nationale sans perdre son caractère. On provoquerait

---

[1] *Force et Matière*, traduction Gampe, pages 243 et 250.

le sourire si l'on parlait d'une géométrie nationale, ou d'une algèbre patriotique. D'une manière générale, une vérité nationale, une science nationale, une philosophie nationale sont des contre-sens. Les divers pays ont apporté et apportent à la construction de la science des éléments qui gardent parfois l'empreinte de leur lieu d'origine, et qui font l'objet légitime de l'étude des historiens ; mais la vérité et la science ne connaissent pas les frontières des États. Si je venais vous dire : « Enfants de l'Helvétie ! Résistez au matérialisme pour demeurer fidèles aux traditions de notre patrie », je serais le premier à sentir le ridicule de mes paroles. Mais si, après une étude sérieuse du sujet, vous arriviez à la double conviction que le matérialisme est une erreur, et que cette erreur est funeste, alors vous pourriez légitimement vous réjouir d'appartenir à un pays qui est demeuré fidèle à la vérité, telle que vous l'auriez comprise, et vous vous sentiriez appelé à faire des efforts pour maintenir à notre patrie le caractère exceptionnel qu'ont présenté sous ce rapport, au XVIIIe siècle, les pays qui forment aujourd'hui la Confédération suisse. Il y a là un fait peu connu qui n'a pas été assez remarqué par les historiens de la philosophie, et sur lequel je désire attirer votre attention.

Au siècle dernier, avant la grande éclosion de la

littérature et de la science allemandes, la France jouissait, dans le domaine de la pensée, d'une incontestable primauté. On parlait sa langue à la cour de Russie et à l'Académie de Berlin ; ses philosophes remplissaient le monde du bruit de leur renommée et obtenaient la faveur d'une partie de la société européenne et même celle de têtes couronnées. Quels étaient ces philosophes ? Voici comment les caractérise le grave historien Tennemann :

« Les hommes qu'on appelait à cet époque, en « France, les philosophes, s'efforçaient de faire pré- « valoir la liberté de penser ; mais, dominés par des « dispositions étroites et frivoles, ils ne mirent en « crédit que des doctrines sans aucune valeur, qui « confondaient l'homme avec la nature ou divini- « saient le monde. » [1]

Au nombre de ces philosophes, sur lesquels l'historien allemand porte ce jugement sévère, les matérialistes occupaient des positions importantes. L'un des moins estimables d'entr'eux, La Mettrie, fut l'objet de la faveur de Frédéric II. Il mourut à Berlin, et le roi voulut rédiger lui-même l'éloge de cet écrivain justement décrié.

Le matérialisme du XVIIIe siècle trouva des contradicteurs en France, en Allemagne, en Angleterre,

[1] *Manuel de l'histoire de la philosophie*, § 375.

etc. etc. ; mais s'il trouva partout des contradicteurs, il eut aussi presque partout des partisans. Ce qui est le caractère spécial et unique, je le crois, des pays qui forment aujourd'hui la Confédération suisse, c'est que la résistance à cette doctrine y rallia l'*unanimité* des savants. Un courant d'idées qui nous cernait de toutes parts, s'arrêta à la barrière de nos montagnes.

« Le XVIIIe siècle est notre âge d'or, dit notre his-« torien national, Alexandre Daguet. De tous les « coins de la terre helvétique, on vit surgir comme « par enchantement des hommes de génie ou d'un « talent supérieur. Sciences, lettres, arts, toutes les « parties du domaine intellectuel sont cultivées avec « éclat par des hommes d'élite. » [1] Aucun des écrivains, des savants, des philosophes suisses de cette époque n'a manifesté la moindre tendance au matérialisme. Les plus considérables d'entr'eux ont lutté contre cette doctrine avec une rare énergie. Je choisirai les exemples les plus significatifs : ceux des écrivains voués à l'étude des sciences physiques et naturelles, de ces sciences dans lesquelles, à toutes les époques, les matérialistes ont cru trouver des arguments favorables à leur cause.

Deux hommes se présentent d'abord, qui, de

---

[1] *Histoire de la Confédération suisse.* Tom. II, page 240 de la 7e édition.

l'aveu de tous les juges compétents, brillent dans le ciel de l'intelligence comme des étoiles de première grandeur : Euler de Bâle et Haller de Berne [1].

EULER (1707-1783) jouissait d'une si grande réputation qu'il fut appelé à St-Pétersbourg par l'Impératrice Catherine et à Berlin par Frédéric II. Après son séjour à Berlin, il retourna à St-Pétersbourg, où il fut frappé de mort subite, cessant en même temps de vivre et de calculer. Voici comment Condorcet parle de cette mort :

« Telle fut la fin d'un des hommes les plus grands « et les plus extraordinaires que la nature ait jamais « produits ; dont le génie fut également capable des « plus grands efforts et du travail le plus continu, « qui multiplia ses productions au delà de ce qu'on « eût pu attendre des forces humaines, et qui cepen- « dant fut original dans chacune.... Tous les mathé- « maticiens célèbres qui existent aujourd'hui sont « ses élèves ; il n'en est aucun qui ne se soit formé « par la lecture de ses ouvrages, qui n'ait reçu de « lui les formules, la méthode qu'il emploie, qui,

---

[1] Pour le développement des brèves indications qui suivent au sujet des savants suisses, on peut consulter tous les grands dictionnaires biographiques et l'ouvrage de M. Eugène Secrétan : *Galerie suisse — Biographies nationales,* 3 volumes in-8°. Lausanne, Bridel, 1873 à 1880.

« dans ses découvertes, ne soit guidé et soutenu par
« le génie d'Euler. » [1]

Ce que Condorcet met surtout en saillie chez
Euler, c'est le mathématicien, mais une place d'honneur lui est aussi réservée dans l'histoire de la
physique. Il a soutenu la théorie des ondulations
lumineuses, à une époque où cette théorie, fondée
par Descartes, avait été généralement abandonnée [2];
et lorsque Fresnel renouvela cette doctrine, qui a
joué un rôle si considérable dans l'établissement de
la physique moderne, il ne négligea pas de citer
Euler au nombre de ses prédécesseurs [3].

HALLER (1708-1777) est un homme non moins
extraordinaire qu'Euler. Son génie encyclopédique
rappelle celui d'Aristote et de Leibniz. Médecin,
philologue, poète, érudit, naturaliste, il a déployé
dans les sens les plus divers la féconde activité
d'une pensée reposant sur la base d'une mémoire
véritablement prodigieuse. Sa réputation fut immense. On lui proposa des places dans l'enseignement à Oxford, à Leyde, à Berlin. Marie-Thérèse
recommande à son fils voyageant en Suisse de ne
pas manquer de le voir. De tous les appels qui lui
furent adressés, Haller n'en accepta qu'un seul.

[1] Eloge d'Euler.
[2] Voir la *Physique moderne,* études historiques et philosophiques. Paris, librairie Germer Baillière, 1883.
[3] *Mémoires sur la diffraction de la lumière.* Introduction.

Il enseigna quelque temps à l'université de Göttingue, puis le sénat de Berne, pour ne pas priver plus longtemps la patrie du plus illustre de ses enfants, rendit un décret mettant Haller en réquisition perpétuelle pour le service de la République. Ce décret fut naturellement accompagné de la création d'un emploi convenable pour le grand homme. Lorsqu'il mourut, des éloges et des poèmes publiés en Allemagne, en France, en Italie, montrèrent la vivacité des regrets que sa mort inspirait, en tous pays, au monde des lettrés et des savants.

Dans l'ordre de la science, Haller a laissé des travaux importants et nombreux, plus de 200 ouvrages. Son principal titre de gloire paraît être sa *Physiologie* (8 volumes in-4°) dans laquelle il établit, en distinguant les propriétés des tissus vivants de celles de la matière inorganique, sa théorie connue de l'irritabilité musculaire. Voici comment le naturaliste Rudolphi parlait de cet ouvrage en 1821 :

« Si l'on demande aux physiologistes à quel ou« vrage sur la matière ils donnent le prix, ils « nomment tout naturellement le leur ; mais si l'on « veut savoir quel est le second, tous s'accordent « à nommer la Physiologie de Haller. Ceci prouve « bien qu'elle mérite la première place... c'est une « œuvre inestimable en tout temps. »[1]

[1] *Galerie suisse*, par Eugène Secrétan, tome I, page 609.

Euler et Haller sont les deux savants les plus illustres de la Suisse au XVIIIe siècle. Tous deux ont pris directement la défense des croyances chrétiennes à l'époque du triomphe de Voltaire et des Encyclopédistes [1] ; mais je n'ai à considérer ici que le côté philosophique de leur pensée, dans son opposition au matérialisme.

Haller, en même temps qu'il prenait contre Voltaire la défense de la révélation, combattait La Mettrie. Il suffit du reste de parcourir les pages publiées de son journal intime, pour y constater une préoccupation constante du monde invisible. L'étude du corps humain, dont il cherchait à pénétrer les secrets, n'a jamais ébranlé chez lui la ferme conviction de la réalité de l'esprit [2].

Euler a directement abordé les questions philosophiques [3]. Il établit avec force la distinction essen-

[1] Euler a publié un écrit court et substantiel intitulé *Défense de la révélation contre les objections des esprits forts*, réimprimé à Paris, librairie Adrien Leclerc, 1805. Haller a publié des *Lettres sur les vérités les plus importantes de la révélation* (réimprimées à Lausanne en 1846 et à Berne en 1878) renfermant plusieurs arguments apologétiques qui ont conservé leur valeur malgré le temps écoulé.

[2] Voir les *Pensées extraites du journal d'Albert de Haller*, Paris, librairie Risler, 1836.

[3] En particulier dans ses *Lettres à une princesse d'Allemagne sur divers sujets de physique et de philosophie*.

tielle des phénomènes corporels et des faits d'ordre spirituel. Il défend la cause du libre-arbitre par des arguments ingénieux et profonds qui conservent aujourd'hui toute leur valeur, et résume ainsi sa pensée : *La liberté est aussi essentielle aux esprits que l'étendue l'est aux corps.* Aussi considère-t-il le matérialisme comme une doctrine non seulement fausse, mais positivement *absurde* [1].

On trouve, à Genève, à la fin du XVIIIe siècle, un savant plus jeune que Euler et Haller, mais qui fut toutefois leur contemporain :

DE SAUSSURE (1740-1799) est célèbre par son ascension au Mont-Blanc, et par l'entreprise hardie de son séjour au milieu des neiges éternelles du Col du Géant. Le charme de son style est hautement apprécié par les littérateurs qui ont conservé le goût des expressions simples et naturelles. Pour les savants, il est le fondateur principal d'une géologie sérieusement expérimentale et l'inventeur d'instruments de précision utiles pour l'exactitude des observations et des expériences. On a élevé à Chamounix une statue au célèbre ascensioniste ; le

Édition Saisset, Paris, librairie Charpentier 1843. Une édition antérieure, publiée par Condorcet, est incomplète par le fait de la suppression de passages importants.

[1] *Lettres.* Partie II. Lettre 28.

2

géologue et le physicien garderont toujours une place d'honneur dans les annales de la science.

Les vues philosophiques de De Saussure paraissent peu dans le récit de ses voyages, bien qu'elles s'y montrent parfois ; mais on peut les constater avec certitude par l'enseignement qu'il a fait, pendant vingt-quatre années, à l'Académie de Genève. De Saussure était le neveu de Charles Bonnet (1720-1793), ce sagace observateur de la nature, dont la cécité a fait un philosophe. On sait que Charles Bonnet, très attentif aux relations de l'âme et du corps, a maintenu avec énergie les droits de la vraie psychologie, et professé un spiritualisme positif appuyé sur de fortes convictions religieuses. De Saussure, chargé de l'enseignement de la philosophie, s'inspira des pensées de Bonnet, en même temps qu'il était sous l'influence de l'admiration enthousiaste que Haller lui avait inspirée. Pour tout ce qui est essentiel, les cours du neveu exposaient aux étudiants les doctrines de l'oncle.

C'était l'époque où le matérialisme trouvait sa plus complète expression dans le *Système de la nature* du baron d'Holbach, publié sous le pseudonyme de Mirabaud. La lutte contre cette doctrine est la préoccupation principale de De Saussure. En psychologie, il signale la présence continuelle de l'organisation et son influence, mais il insiste sur l'action de la liberté et réfute le fatalisme des motifs, en faisant observer que les motifs sont fortifiés par l'acte libre de l'attention. En physique générale, il se livre à une discussion approfondie des thèses relatives à la nature du mouvement, et, reproduisant une pensée de Leibniz, il affirme que les lois du mouvement ne peuvent pas être considérées comme nécessaires, et que leur étude, mettant en lumière leur caractère contingent, conduit à admettre que « ces lois ont été établies par le divin Auteur de la nature, parce qu'elles étaient *bonnes*, c'est-à-dire conformes au but auquel il destina l'univers en le créant ». [1] Il élevait enfin la pensée de ses étudiants de la contemplation de la nature à celle du Créateur, en disant : « Il n'est personne qui, en « considérant attentivement l'univers, n'ait admiré « la sagesse de l'ordre qui y règne, et ne se soit en

---

[1] « Par la seule considération des *causes efficientes*, ou de la matière, on ne saurait rendre raison des lois du mouvement découvertes de notre temps, et dont une partie a été découverte par moi-même. Car j'ai trouvé qu'il y faut recourir aux *causes finales*, et que les lois ne dépendent point du *principe de la nécessité*, comme les vérités logiques, arithmétiques et géométriques, mais du *principe de la convenance*, c'est-à-dire du choix de la sagesse. Et c'est une des plus efficaces et des plus sensibles preuves de l'existence de Dieu pour ceux qui peuvent approfondir ces choses. » — Leibniz. *Principes de la nature et de la grâce*, § 11.

« même temps demandé quelle est la cause de cet
« ordre, et quelle est celle de sa propre existence.
« Il suffit de réfléchir un peu pour se poser ces
« questions : Pourquoi existé-je ? D'où viens-je ?
« Où vais-je ? Questions qui n'auront pas de solu-
« tion tant qu'on n'aura pas reconnu l'existence
« d'une cause supérieure et extérieure à toutes les
« autres. »[1]

La contemplation de la nature est propre à élever
la pensée ; ce qui risque de l'abaisser, c'est l'étude
du corps humain, lorsqu'elle devient exclusive.
L'attention concentrée sur les organes peut faire
méconnaître la réalité des phénomènes qui échappent au microscope et ne se laissent pas analyser
par le scalpel. C'est pourquoi les études de médecine
inclinent souvent la pensée du côté du matérialisme,
si l'esprit des étudiants n'est pas tenu en équilibre
par de fortes études psychologiques. A cet égard encore, la Suisse du XVIIIᵉ siècle offre une remarquable exception. Notre pays a produit à cette épo-

---

[1] Pour le développement de ces indications rapides, au
sujet d'un côté généralement peu connu de l'activité intellec-
tuelle de De Saussure, voir trois articles insérés dans la
Bibliothèque universelle, mars, avril et mai 1883, et un Mémoire inséré dans le tome CXIX des *Séances et travaux de
l'Académie des sciences morales et politiques* de l'Institut de
France. — 1883.

que deux médecins d'une réputation européenne :
Tronchin à Genève, Tissot à Lausanne.

TRONCHIN (1709-1781) fut, à Leyde, au nombre
des étudiants de Boerhaave et fit preuve dans ses
études d'une distinction si grande, que le prince
d'Orange voulut se l'attacher. Tronchin refusa cette
offre brillante et revint à Genève. Ce fut en partie
pour être à portée de ses soins que Voltaire se fixa
à Ferney. Il refusa des offres de l'impératrice Catherine qui voulait l'attirer en Russie, et consentit à se
rendre à Paris où il était appelé par le duc d'Or-
léans. Il y obtint, par la pratique de son art, une
réputation de premier ordre.

TISSOT (1728-1797) obtint une réputation moins
brillante en France que celle de Tronchin, mais qui
fut peut-être plus largement répandue dans le
monde. Il publia un *Avis au peuple sur sa santé*,
qui eut promptement quinze éditions, et fut traduit
en dix-sept langues, dont l'arabe est une. Bona-
parte le consulta. La reine de Suède n'acceptait une
ordonnance de son médecin que lorsqu'il pouvait
lui garantir que l'ordonnance était conforme aux
prescriptions de Tissot. Il reçut du roi de Pologne,
du roi de Hanovre, de la reine de Naples et du sénat
de Venise des appels auxquels il ne voulut pas répondre. Il accepta seulement une chaire à l'université de Pavie, où il enseigna deux ans. Les regrets

qu'inspira son départ furent consignés dans 40 piè-
ces de vers en italien, en français, en anglais, en
grec et en latin. De Pavie, il revint à Lausanne où
il termina sa carrière. Sa mort y fut un deuil
public.

Ces deux grands médecins, bien que placés sous
les influences de leur siècle, demeurèrent fermement
attachés l'un et l'autre à un spiritualisme chrétien
qui n'était point alors à la mode. Tronchin avait des
principes que M. Sayous a résumés ainsi : « *Dieu
toujours présent, le ciel en vue et la vertu pour obligation.* » Médecin de Voltaire, il avait pu apprécier
ce que valait le pâle déïsme de son fameux client,
ce déïsme qui n'était que la manifestation du bon
sens soutenant une lutte inégale contre la corruption
du cœur et de l'intelligence. Le 20 juin 1778, il
écrivait à Charles Bonnet : « Si mes principes, mon
« bon ami, avaient eu besoin que j'en serrasse le
« nœud, l'homme que j'ai vu dépérir, agoniser et
« mourir sous mes yeux, en aurait fait un nœud
« gordien. En comparant la mort de l'homme de
« bien, qui n'est que la fin d'un beau jour, à celle
« de Voltaire, j'aurais vu bien sensiblement la diffé-
« rence qu'il y a entre un beau jour et une tempête,
« entre la sérénité de l'âme du sage qui cesse de
« vivre et le tourment affreux de celui pour qui la
« mort est le roi des épouvantements. Grâces à

« Dieu, je n'avais pas besoin de ce spectacle, et ce-
« pendant *forte olim meminisse juvabit.* »

Quant à Tissot, voilà comment il s'exprime au
début de son écrit : *De la santé des gens de lettres.*

« Le mécanisme admirable de l'homme sain, et
« la guérison plus admirable peut-être de l'homme
« malade fournissent des démonstrations sans ré-
« plique de l'existence et de la sagesse infinie du
« Créateur. Supposons les hommes plongés dans
« l'oubli de la Divinité, les médecins les rappelleront
« bientôt aux notions sublimes que leur science leur
« donnera de cet être immortel. » A la suite de cette
espérance, qui n'est pas toujours réalisée, Tissot
cite les grands médecins qui ont manifesté leur
croyance religieuse, depuis Hippocrate et Galien jusqu'au grand Boerhaave son maître et à Haller son
contemporain.

Je viens de passer en revue les noms des savants
qui, en Suisse, au XVIIIᵉ siècle, se sont acquis la
plus grande réputation dans l'ordre des sciences
physiques et naturelles. Leurs opinions religieuses
et leurs doctrines philosophiques offrent des diver-
sités qui pourraient être l'objet d'études intéres-
santes ; mais ces études sortiraient du cadre de
mon travail. Ce qui demeure certain, et c'est le
point sur lequel j'attire votre attention, c'est que

tous ont professé un spiritualisme positif que leur étude des sciences naturelles n'avait pas ébranlé ; tous ont offert l'alliance d'une haute culture scientifique et des croyances qui sont à la base de la vie morale ; tous ont adoré le Créateur infiniment sage et puissant dont ils avaient étudié les œuvres ; tous ont cru à la réalité de l'esprit, à son avenir au delà de la vie présente et à la justice éternelle. Des savants considérés, mais moins illustres que ceux que j'ai choisis pour exemples, ont adopté et professé les mêmes doctrines. Le matérialisme du XVIIIe siècle a trouvé des contradicteurs dans toutes les parties de l'Europe ; mais, je le répète, ce qui fait le caractère spécial de la Suisse à cette époque, c'est l'*unanimité* de la résistance à une doctrine qui trouvait ailleurs des partisans.

Cette unanimité n'existe plus aujourd'hui chez les hommes d'origines diverses qui sont les représentants de la culture scientifique sur le territoire de notre patrie. Est-ce là le résultat des découvertes modernes ? La science a fait, depuis un siècle, de très notables progrès ; porte-t-elle le matérialisme dans son sein comme sa naturelle conséquence ? On l'affirme ; mais l'affirmation, qui est fausse en général, est très spécialement fausse en ce qui concerne la Suisse. L'alliance du spiritualisme et de la science expérimentale y a eu des représentants jus-

qu'à nos jours, et ces représentants comptent au
nombre des savants entourés de la plus haute estime.
Initiés à tous les progrès de la science, progrès auxquels ils ont contribué pour leur part, ils n'ont rien
trouvé dans leurs étu&es qui les détournât des
croyances de leurs illustres devanciers. Ils ont
opposé au matérialisme des négations aussi nettes
que celles d'Euler et de Haller, de Tronchin et de
Tissot, de Bonnet et de De Saussure. Je me borne à
trois exemples :

AUGUSTE DE LA RIVE (1801-1873) a, comme on
le sait, largement contribué aux progrès de l'étude
de cette électricité qui joue un rôle toujours plus
considérable dans l'industrie moderne. Il n'a pas
suivi l'exemple de son illustre confrère et ami Faraday qui, chrétien fervent, ne se permettait que
dans de très rares occasions de mêler l'expression
de ses croyances à l'enseignement de la physique
expérimentale. En 1860, De la Rive terminait un de
ses cours publics par les paroles suivantes: « Si j'ai
« appris quelque chose dans les longues années
« d'une étude qui a fait l'un des charmes de ma
« vie, c'est que Dieu agit continuellement, c'est
« que sa main qui a tout créé veille sur tout dans
« l'univers. Et cette même Providence qui tient en
« équilibre les forces de la nature, qui dirige les
« astres dans leurs orbites, a l'œil aussi sur chacun

« de nous. Rien ne nous arrive sans la volonté spé-
« ciale de Celui qui nous garde. » Voilà ce que
disait un laborieux ouvrier dans les sciences, un
physicien infatigable. En parlant ainsi il professait
une foi alimentée à d'autres sources que l'étude des
phénomènes naturels. Dans d'autres occasions, il
donnait à sa pensée une expression plus rapprochée
des conséquences philosophiques de cette étude.
En présentant au monde savant le principal de ses
écrits,[1] il tint à rappeler qu'il partageait la croyance
spiritualiste qui fut au XIXe siècle celle d'Ampère
et de Faraday, comme elle avait été au XVIIIe siècle
celle d'Euler et de Haller. La préface de son ouvrage
se termine par la pensée que l'étude générale des
phénomènes physiques « a l'immense avantage
« d'élever l'âme en la rapprochant de l'Auteur su-
« prême de la nature, dont l'action directe est au
« fond toujours le dernier mot de la création. »[2]

[1] *Traité d'électricité théorique et appliquée*, 3 vol. in-8°,
Paris, 1854-1858.

[2] Dans la préface du grand ouvrage qui l'a placé au rang
des géologues les plus distingués de la Suisse, et lui a ouvert
les portes de l'Institut de France (*Recherches géologiques dans
les parties de la Savoie, du Piémont et de la Suisse voisines du
Mont-Blanc*, 3 volumes in-8°, 1867), M. Alphonse Favre a exprimé des pensées analogues à celles de M. de la Rive: «Après
avoir assisté à la série des transformations du globe, conclu-
rons-nous que le hasard seul a présidé à ce développement

Agassiz (1807-1873) a certainement été l'un des plus laborieux et des plus utiles ouvriers de la science contemporaine. Sa réputation a été grande en Europe, à l'époque où il enseignait à Neuchâtel ; sa renommée a été immense aux États-Unis d'Amérique où il a terminé sa carrière. Il a directement attaqué le matérialisme par la considération suivante : Dans l'étude de la classification des êtres, le naturaliste cherche-t-il simplement à les grouper, dans un système à lui, d'une manière pratiquement commode, ou cherche-t-il à discerner un plan qui existe dans la réalité ? En deux mots : nos classifications sont-elles toujours purement *artificielles*, ou devons-nous chercher des classifications *naturelles* répondant à la réalité des choses, et par là-même à la pensée créatrice dont cette réalité est la manifestation ? Après avoir développé cette pensée, Agassiz ajoute :

« Cette question de la nature et du fondement « de nos classifications scientifiques a, à mes yeux,

géologique, qui s'est fait pendant des millions de siècles suivant un plan dont nous ne saurions trop admirer la grandeur et l'étonnante beauté? Non ! l'examen seul de ce plan, sans autre preuve, fait croire à l'intervention continue d'un Dieu tout-puissant qui gouverne le monde et qui a placé dans le cœur de l'homme la faculté d'éprouver les sentiments d'adoration par lesquels la créature s'élève vers le Créateur. »

« une suprême importance, une importance de
« beaucoup supérieure à celle qu'on y attache ordi-
« nairement. S'il est une fois prouvé que l'homme
« n'a pas inventé, mais simplement reproduit cet
« arrangement systématique de la nature, que ces
« rapports, ces proportions existant dans toutes les
« parties du monde organique ont leur lien intellec-
« tuel et idéal dans l'esprit du Créateur, que ce
« plan de création devant lequel s'abîme notre sa-
« gesse la plus haute n'est pas issu de l'action né-
« cessaire des lois physiques, mais au contraire a
« été librement conçu par l'intelligence toute puis-
« sante et mûri dans sa pensée avant d'être mani-
« festé sous des formes extérieures tangibles ; si
« enfin il est démontré que la préméditation a pré-
« cédé l'acte de la création, nous en aurons fini,
« une fois pour toutes, avec les théories désolantes
« qui nous renvoient aux lois de la matière pour
« avoir l'explication de toutes les merveilles de
« l'univers, et, bannissant Dieu, nous laissent en
« présence de l'action monotone, invariable, de
« forces physiques assujettissant toutes choses à
« une inévitable destinée. » [1]

Je constate des faits, je n'étudie pas des doc-

---

[1] *De l'espèce et de la classification en zoologie.* Paris,
Germer-Baillière, 1869. Page 10.

trines; j'indique, sans les discuter ici, les opinions émises par nos savants contemporains. Il est toutefois une méprise à prévenir pour apprécier la portée des paroles d'Agassiz. Ce savant est connu pour avoir refusé son adhésion à la théorie du transformisme, qui est devenue pour nombre de nos contemporains l'objet d'une foi ardente. Si l'on pensait que sa théorie sur le plan de la création est solidaire de ses idées sur l'origine des espèces, on commettrait une erreur grave. Il ne faut que réfléchir un peu pour comprendre que la question du plan de la nature et celle de la manière dont ce plan s'est réalisé sont deux questions parfaitement distinctes. Un naturaliste français distingué, M. Albert Gaudry, est partisan de l'hypothèse transformiste. Cela ne l'empêche pas de maintenir, avec autant de fermeté qu'Agassiz, l'affirmation que l'étude de la nature révèle un plan que nous nous efforçons de découvrir, et que ce plan est celui selon lequel Dieu a produit les êtres [1].

OSWALD HEER (1809-1883) a été, de nos jours, « une des principales autorités de l'Europe en matière de paléontologie. » C'est ainsi qu'il est désigné

---

[1] *Les enchaînements du monde animal. — Fossiles primaires.* Paris, 1883. Introduction.

dans le dictionnaire biographique de Gubernatis [1].
Voici comment, en terminant son ouvrage sur le
Monde primitif de la Suisse, il proteste contre le
matérialisme athée :

« Quelque grand que soit l'édifice de la création,
« il ne peut être apprécié dans sa magnificence que
« par les intelligences aptes à le juger. Un exemple
« rendra ceci plus clair. Prenons une symphonie de
« Beethoven : l'artiste musical en comprendra seul le
« sens ; pour lui, chaque note aura sa signification ;
« et de ces diverses notes liées ensemble, il jaillira
« une harmonie incomparable. Telle est aussi la
« nature. Les phénomènes pris isolément n'appa-
« raissent dans leur vrai sens, comme les notes
« détachées, que lorsqu'on sait les réunir et appré-
« cier leur ensemble. Ce n'est que par le rappro-
« chement des faits isolés que nous nous formons
« une idée de la grandeur de la création. C'est par
« ce rapprochement que notre âme entrevoit l'har-
« monie de la nature, harmonie qui, de même que
« sa sœur dans le domaine des sons, nous élève au-
« dessus du monde physique et produit dans notre
« âme le pressentiment d'une intelligence divine
« qui dirige tout ce qui est, comme elle a dirigé

---

[1] *Dizionario biografico degli scrittori contemporanei.* Fi-
renze, 1870.

« tout ce qui a été. Chacun prendrait sans doute
« pour un idiot celui qui prétendrait que les notes
« d'une symphonie de Beethoven ne sont que des
« points jetés par hasard sur le papier. Mais il me
« semble que ceux-là ne sont pas moins insensés
« qui ne voient qu'un jeu du hasard dans l'harmo-
« nie bien plus merveilleuse de la Création. Plus
« nous avançons dans la connaissance de la nature,
« plus aussi est profonde notre conviction que la
« croyance en un Créateur tout puissant, et en une
« sagesse divine qui a créé le ciel et la terre selon
« un plan éternel et préconçu, peut seule résoudre
« les énigmes de la nature, comme celles de la vie
« humaine. » [1]

La Suisse contemporaine ne compte pas de noms
plus illustres que celui de De la Rive, dans l'ordre
des sciences physiques, que ceux d'Agassiz et de
Heer dans l'ordre des sciences naturelles. Depuis
leur mort, les sciences ont fait des progrès qui con-
cernent plutôt l'application des vérités connues que
la découverte de vérités nouvelles ; mais rien dans
ces progrès n'est de nature à ébranler les croyances
de l'ordre spirituel auxquelles ces savants étaient attachés. Ils ont protesté en commun contre les ten-

---

[1] *Le monde primitif de la Suisse.* Traduction de l'allemand
par Isaac Demole. Genève et Bâle, 1872, à la fin.

dances matérialistes qu'ils constataient dans une partie de la pensée contemporaine. Si le matérialisme était, comme le disent ses partisans, le produit naturel de la science, comment ces savants de premier ordre ne s'en seraient-ils pas aperçu?

Telle est, étudiants suisses, notre tradition nationale. Le matérialisme, je le répète, entre chez nous comme une doctrine étrangère. Je préciserai de nouveau ma pensée à cet égard, pensée dont il serait facile d'entreprendre la caricature, en disant que je veux faire de la science une question de patriotisme. J'ai désiré faire quelque bien, dans la mesure de mes forces, sur le point du globe où la Providence m'a placé; mais ma pensée est absolument étrangère aux influences d'un patriotisme étroit et aveugle. La vérité est une; elle est faite pour tous les hommes également, et c'est vers elle que doit se diriger le regard de l'intelligence, quelle que soit la partie du monde que l'on habite. J'expliquerai par une comparaison le sens précis de mes paroles. Lorsqu'un homme a le bonheur d'appartenir à une famille honorable, le devoir d'être vertueux ne résulte pas pour lui du fait que ses parents l'ont été; le devoir est le même pour tous, il est un comme la vérité. Mais celui qui sait que la vertu est le premier des biens, peut se réjouir d'en avoir le modèle dans ses ancêtres, et chercher dans les souvenirs de sa famille un appui et un encouragement dans les luttes de la vie. C'est pour cela que je vous ai rappelé quels sont vos ancêtres dans l'ordre de la science. Mais, pour le dire encore une fois, la recherche de la vérité, qui est le devoir de la pensée, prime toutes les considérations d'une autre nature. En présence de l'affirmation que la science produit le matérialisme, vous avez donc à étudier la question en elle-même par une étude directe, la même pour les étudiants de tous les pays du monde. Les pages que je vous dédie sont destinées à vous aider dans cette étude.

Le docteur Büchner, à la dernière page de son livre *Force et Matière,* demande qu'on lui permette de faire abstraction de toutes les questions de morale pour se placer uniquement au point de vue de la vérité. C'est une permission qui ne saurait lui être accordée que par des esprits totalement étrangers à une vraie culture philosophique. Mettre la morale de côté, c'est constater son existence. Son existence est un fait qu'une recherche sérieuse de la vérité doit prendre en considération ; et il ne me semble pas que la morale puisse être considérée comme une quantité négligeable. « La crainte des conséquences « ne doit jamais avoir aucune influence sur les con- « clusions scientifiques. » [1] Cela est vrai, lorsqu'il

[1] *Leçons sur l'homme,* par Carl Vogt. Préface.

s'agit de conséquences relatives à des intérêts personnels, c'est-à-dire de conséquences extra-scientifiques ; mais s'agit-il de conséquences relatives aux conclusions générales de la science ? se borner à l'étude d'un seul ordre de faits sans s'informer des conséquences relatives aux faits d'un autre ordre, c'est se placer derrière une muraille qui dérobe aux regards la moitié de l'horizon.

Ces considérations sont assurément solides et ne permettent pas d'admettre dans la recherche de la vérité cette abstraction de la morale réclamée par le docteur Büchner et par ses confrères. Il est certain toutefois que les savants de l'école matérialiste ont réussi à créer, dans un grand nombre d'esprits, un préjugé contraire à l'étude des conséquences morales des doctrines. En présence de ce préjugé que je constate, sans lui accorder aucune valeur, je me suis abstenu dans le travail que je recommande à votre examen d'aborder les questions d'ordre moral. Je me suis strictement renfermé dans l'étude directe des phénomènes physiologiques et psychologiques ; c'est un examen des bases du matérialisme sans aucune mention de ses conséquences.

Je n'ai pas pu faire une étude très approfondie des sciences dans lesquelles le matérialisme contemporain cherche son principal appui. Pour remédier à mon incompétence relative, j'ai remis mon manuscrit à un docteur en médecine qui cultive avec succès les sciences psychologiques dans leur rapport avec la physiologie. Il a bien voulu l'examiner, et je dois offrir à M. Théodore Flournoy l'expression de ma reconnaissance pour des remarques qui m'ont été utiles en me faisant modifier sur quelques points ma rédaction primitive [1].

En affirmant que la science produit le matérialisme, on oppose la science au cœur et à la conscience ; on établit un conflit entre l'intelligence et les autres fonctions de l'esprit humain. Plusieurs souffrent de ce conflit ; ils souffrent d'une erreur. Non, non, mes amis, ce conflit ne résulte pas d'une science vraie, sérieuse, complète. Si vous voulez à ce sujet l'affirmation d'un naturaliste, écoutez ces paroles de M. Hébert, professeur de géologie à la faculté des sciences de Paris : « La science ne saurait « conduire au matérialisme. S'il y a des tendances « matérialistes dans notre société, elles reposent sur « des illusions ; elles ne peuvent germer que dans « des esprits complètement absorbés par des études « spéciales et qui oublient le reste du monde. » [2]

Ce reste du monde que le matérialiste oublie, c'est

---

[1] Voir l'appendice.

[2] *Moniteur universel* de mars 1868. — M. Hébert est mort entouré d'une estime générale dont offrent les preuves multipliées les discours prononcés sur sa tombe, le 8 avril 1890.

avant tout lui-même, son intelligence, son cœur, sa conscience, toutes les nobles aspirations de l'esprit. La science qui engendre le matérialisme est un oiseau qui ne peut s'élever vers le ciel, parce qu'on lui a coupé les ailes. Je m'estimerais heureux, mes jeunes compatriotes, si mon faible effort pouvait contribuer à combattre les influences qui tendent à couper les ailes de votre pensée.

ERNEST NAVILLE.

LA SCIENCE ET LE MATÉRIALISME

Le 15 novembre 1843, un des doyens de la philosophie européenne, M. Franck, signait la préface
du *Dictionnaire des sciences philosophiques* dont il
a été le laborieux directeur; on y lisait : « Quel
« spectacle l'opinion matérialiste offre-t-elle au-
« jourd'hui à nos yeux? Abandonnée sans retour
« par l'esprit public qui ne sait plus se plaire
« qu'aux idées graves et sérieuses, elle n'ose plus
« même avouer son nom et parler sa propre
« langue. » La confiance dont ces paroles renfer-
maient l'expression ne devait pas être de longue
durée. Eu 1854, au début de ses *Etudes morales sur
le temps présent*, M. Caro écrivait : « Le vieux ma-
« térialisme se relève, et, mal dissimulé sous des

« noms nouveaux, il médite un nouvel effort. »[1]
Aujourd'hui le matérialisme ne se dissimule plus ;
il avoue son nom, il parle sa propre langue, il
s'offre sans voiles et sans fard aux regards du
public.

Quelles sont les causes de cette recrudescence
d'une doctrine ancienne ? En Allemagne, l'une de
ces causes paraît être la réaction qui a suivi le
succès momentané de la philosophie de Hégel. Les
écrivains qui se permettent la plaisanterie rient et
sifflent aujourd'hui sur les débris de cette construction grandiose et fragile. Une réaction analogue
s'est produite en France contre une philosophie trop
littéraire et trop oublieuse des sciences de la nature.
Quoi qu'il en soit, un phénomène contemporain
facile à constater est que, depuis quelques années,
le matérialisme a pris une vie nouvelle dans les
divers pays de l'Europe. Pour apprécier cette doctrine il importe d'en déterminer les caractères es-
sentiels, et pour le faire convenablement il faut
préciser le sens du mot matière.

Kant a écrit : « La matière est ce qui est mobile
dans l'espace. »[2] Cette définition suffit pourvu qu'on

---

[1] Voir la *Notice sur M. E. Caro*, par Charles Waddington,
page 19.
[2] Voir la *Critique philosophique* de novembre 1888, p. 384.

en développe le contenu. Le mouvement consiste dans l'occupation successive de diverses parties de l'espace. Cette occupation de l'espace provient de la résistance de la matière, et c'est à cette résistance que se borne la conception que nous pouvons en avoir. « On ne peut, disait Pascal, imaginer de « mouvement sans quelque chose qui se meut. »[1] M. Wurtz a reproduit la même pensée. « Comment « concevoir un mouvement sans mobile ? »[2] Un savant contemporain [3] a bien essayé d'affirmer le mouvement sans le *quelque chose* qui se meut ; mais c'est là un de ces paradoxes qui ne sauraient devenir l'objet d'une discussion sérieuse. Les phénoménistes auront beau multiplier leurs efforts, ils ne réussiront pas à changer la constitution fondamentale de la pensée qui ne saurait admettre des attributs sans sujets, des modes sans substances. Le mobile c'est le résistant, et c'est le déplacement de la résistance qui constitue le mouvement.

La résistance de la matière est-elle absolue, comme l'admettent les partisans des atomes impénétrables ? Est-elle seulement relative, et une compression supposée indéfinie pourrait-elle réduire

[1] De l'esprit géométrique, dans les *Pensées.*
[2] *Théorie atomique,* page 223.
[3] M. Beaunis, dans les Prolégomènes de ses *Nouveaux éléments de physiologie.*

l'atome à être localisé dans l'espace comme un
centre de force, sans occuper aucune étendue ?
Cette question et toutes les autres questions relatives à la constitution des corps ont de l'intérêt
pour la physique générale ; mais elles n'en ont pas
pour l'objet de mon étude. La science de la matière
objectivement considérée, c'est-à-dire l'étude des
phénomènes corporels isolés de leurs relations avec
les êtres capables de sentir, se ramène à l'étude du
mouvement et de ses lois, c'est-à-dire à la mécanique. Ce qui constitue le matérialisme, quelle que
soit l'idée qu'on se forme de la matière, c'est l'affirmation que l'explication de l'univers est un problème de mécanique. C'est ce que le baron d'Holbach écrivait au XVIIIᵉ siècle, et c'est ce que M. Giard
disait, en 1888, à l'ouverture d'un cours institué
près la Faculté des Sciences par le Conseil munici-
pal de Paris. Le baron d'Holbach avait écrit :
« L'univers, ce vaste assemblage de tout ce qui
« existe, ne nous offre partout que de la matière et
« du mouvement. » [1] M. Giard disait à ses audi-
teurs : « L'idée de science est intimement liée à
« celle de mécanisme et de déterminisme », [2] et il
indiquait les conséquences de cette conception dans

[1] *Système de la Nature,* au commencement.
[2] *Revue scientifique* du 1ᵉʳ décembre 1888, page 692.

les termes suivants : « En répandant les idées si fé-
« condes du transformisme et la conception pure-
« ment mécanique de la nature dans les cerveaux
« des futurs éducateurs de la jeunesse, on prépare
« de la façon la plus sûre et la plus solide une
« forte génération débarrassée des superstitions du
« passé. » [1] Ce qu'il s'agit de faire disparaître, sous
le nom de superstitions du passé, c'est toute
croyance à des réalités autres que l'objet des perceptions sensibles. Il n'existe dans l'univers, comme
le disait le baron d'Holbach, que la matière en
mouvement. Mais la pensée ? La pensée est un
mouvement, disent et sont obligés de dire les
adeptes de la doctrine.

Tel est le matérialisme. Le professeur Hæckel, de
Iéna, reconnaît que c'est bien là sa théorie, mais il
emploie le terme de *monisme* pour distinguer cette
doctrine scientifique du matérialisme pratique, c'est-
à-dire de la recherche exclusive des jouissances sen-
suelles. [2] La distinction est certainement justifiée ;
mais on ne doit pas admettre l'accaparement du
terme monisme par une doctrine particulière. La
recherche de l'unité est l'instinct fondamental de la
raison, le principe générateur des plus hautes spé-

[1] Ibid., page 689.
[2] *Histoire de la Création.* Paris, Reinwald, 1874, p. 34 et 35.

culations de la pensée. Toute philosophie est un
essai de monisme, et, inversément, tout essai de
monisme est une philosophie. Le problème capital
de la philosophie peut être posé ainsi : Trouver
une détermination du principe de l'univers qui permette de concilier l'unité que cherche la raison avec
l'existence du multiple donnée par l'expérience.
Chercher l'unité, c'est la source des grandes découvertes de la raison ; la chercher trop vite et trop
bas, c'est l'origine des principaux écarts de la pensée. Après cette digression relative à l'emploi d'un
mot, j'en reviens directement à l'objet de mon
étude.

Le matérialisme se rencontre à toutes les époques
de l'histoire ; mais voici ce qui caractérise l'époque
contemporaine : On affirme que cette doctrine est le
produit naturel des progrès modernes de la science,
et on fait largement usage en sa faveur de l'argument d'autorité. Les hommes qui croient encore à
la réalité distincte de l'esprit sont désignés comme
des intelligences arriérées prises encore dans les
filets d'une psychologie qui a fait son temps, et
d'une métaphysique dont les vrais savants ne veulent
plus. Les citations suivantes renferment la preuve
de ces deux affirmations, dont la seconde est la conséquence de la première.

Dans un livre qui a eu de nombreuses éditions

allemandes et qui a été traduit dans presque toutes
les langues de l'Europe, deux fois en français,
M. Büchner, après avoir signalé « la vanité pré-
« somptueuse de la philosophie de l'école », écrit :
« Cette philosophie décline de jour en jour dans
« l'estime du public, et perd du terrain en raison
« de la marche progressive des sciences empiri-
« ques. Or, ces sciences nous démontrent chaque
« jour avec plus d'évidence que l'existence du ma-
« crocosme et du microcosme ne subit, dans toutes
« les phases de la naissance, de la vie et de la
« mort, que des lois mécaniques inhérentes aux
« choses elles-mêmes. » [1] A cette thèse théorique,
l'auteur joint l'argument d'autorité dans une affirmation dont la fausseté sera manifeste pour ceux
qui connaissent les doctrines philosophiques et religieuses de quelques-uns des représentants les plus
considérables de la science en Allemagne, en
France, en Angleterre, en Italie et aux États-Unis
d'Amérique. Il écrit : « Aujourd'hui, nos plus labo-
« rieux ouvriers dans les sciences, nos plus infati-
« gables physiciens professent des idées matéria-
« listes. » [2] M. Hæckel nous informe que son monisme étant seul la vérité, il n'y a de science vraie

[1] *Force et matière.* Traduction Gamper. Préface.
[2] Ibid., page 262.

que celle qui se borne à constater « l'évolution mécanique de la matière. » [1] M. Carl Vogt avait écrit
dans la première édition de ses *Lettres physiologiques* : « Chaque observateur arrivera bien, je
« pense, par une suite de raisonnements logiques,
« à l'opinion que voici : que toutes les propriétés que
« nous désignons sous le nom d'activité de l'âme
« ne sont que des fonctions de la substance céré-
« brale, et, pour nous exprimer d'une façon plus
« grossière, la pensée est à peu près au cerveau ce
« que la bile est au foie et l'urine aux reins. »
Comme on a fait observer à cet écrivain que nombre
de naturalistes sérieux étaient d'un avis positivement contraire au sien, il a répondu : « J'ai dit que
« chaque savant arrivait aux déductions dont j'ai
« parlé par la suite du raisonnement logique, mais
« je n'ai jamais voulu soutenir qu'il n'y avait pas de
« savants incapables de raisonnements logiques et
« suivis, et je n'ai jamais prétendu qu'il n'y avait
« pas parmi les savants d'hommes dépourvus de
« bon sens et d'intelligence. » [2]
La librairie Reinwald, à Paris, publie une *Bibliothèque des Sciences contemporaines* destinée à faire

---

[1] *Histoire de la Création*, page 32.
[2] *Lettres physiologiques*. Première édition française de l'auteur. — Paris, Reinwald, 1875, pages 347 à 349.

connaître au grand public les résultats de la science
moderne. Voici quels sont, dans la pensée des col-
laborateurs de cette Bibliothèque, quelques-uns de
ces résultats : « Les phénomènes intellectuels sont
« le produit de l'activité du cerveau et rentrent dans
« la catégorie des phénomènes physiologiques, au
« même titre que toute autre fonction organique. » [1]
— « Le travail mental résulte simplement des pro-
« priétés spéciales des tissus nerveux... Les phéno-
« mènes de conscience sont, dans tout le règne
« animal, sans en excepter l'homme, des fonctions,
« des actes de la cellule nerveuse. Là-dessus le
« doute n'est plus possible. » [2] — Cette bibliothèque
des sciences contemporaines renferme un volume
sur la Philosophie, rédigé par M. André Lefèvre.
L'auteur sait, de science certaine, et nous enseigne que la pensée n'est qu'un mouvement. Il
affirme que désormais il n'y a plus de moyen
terme entre deux doctrines : « MATÉRIALISME d'une
« part, de l'autre SPIRITUALISME..., tels sont les
« deux pôles de la pensée. Le premier a gagné en
« pouvoir attractif tout ce que l'autre a perdu ; la
« science et la philosophie, d'un invincible et com-
« mun essor, s'y rejoignent après un long divorce. » [3]

[1] *Anthropologie*, par le docteur Paul Topinard, page 427.
[2] *Biologie*, par le docteur Charles Letourneau, page 460.
[3] *La Philosophie*. Page 444.

Mais n'y a-t-il pas nombre de savants et de philosophes qui sont fort loin d'admettre le matérialisme? La question est naturelle ; voici la réponse : « Nul « esprit scientifique n'ignore aujourd'hui quel est le « droit chemin. Toutefois, comme l'autre garde encore son caractère officiel, qu'à ses arbres sont « pendus les croix et les cordons, que sur ses bords « s'échelonnent les places, les titres, les logis et les « enterrements nationaux, tous les appâts de la sé- « curité et de l'honorabilité..., beaucoup de con- « sciences émancipées, prises de scrupules ambi- « tieux, de fausses hontes opportunes, cherchent « des biais et les trouvent pour tourner la vérité « dont elles rougissent. » [1]

Les citations qui précèdent n'ont pas été cherchées dans des livres obscurs publiés par des auteurs inconnus. Elles ont été choisies dans les écrits d'hommes dont quelques-uns du moins ont de la réputation et occupent des positions importantes dans la science et l'enseignement. Voici donc ce qu'affirme une école bruyante : *La science produit le matérialisme.* Les hommes qui affirment encore la réalité distincte de l'esprit sont donc des ignorants. Si ce ne sont pas des ignorants, ce sont des gens qui manquent de bon sens. Si ce sont des sa-

---

[1] *La Philosophie,* page 448.

vants pourvus de bon sens, ce sont des hypocrites.
Il serait facile de ramasser ces paroles peu cour-
toises et de les renvoyer à leurs auteurs, mais je me
garderai de le faire. J'admets qu'il peut y avoir des
matérialistes savants, sincères, ne manquant pas de
bon sens ; je me borne à affirmer qu'ils raisonnent
mal ; et je vais chercher à le prouver.

La science produit-elle le matérialisme ? De
quelle science s'agit-il ? Seraient-ce la physique
et l'astronomie qui amèneraient à la négation légitime de l'esprit ? M. Giard nous dit « qu'on sort du
« terrain scientifique dès qu'on parle d'un principe
« directeur pour expliquer les phénomènes naturels. »[1]
L'ordre des phénomènes que le savant cherche à découvrir a certainement une réalité objective, et cet
ordre est la manifestation d'un principe directeur.
Si le monde n'était pas réglé selon l'intelligence, il
serait incompréhensible. Vous oubliez l'intelligence
dans vos explications de la nature, disait Anaxagore
aux transformistes de l'école d'Ionie. Pythagore précise par le nombre l'idée de l'intelligence manifestée
dans la nature. La physique moderne, fondée sur les
mathématiques, est venue, après vingt-cinq siècles,
apporter la vérification expérimentale de cette conception hardie. Si la nature n'était pas réglée selon

---

[1] *Revue scientifique* du 1er décembre 1888, p. 692.

l'intelligence, la science de la nature ne serait pas.
Le fait est incontestable, et son explication la plus
naturelle est assurément l'existence d'une intelligence suprême dont l'esprit humain cherche à découvrir les secrets. Il est impossible d'entendre
comment l'étude des phénomènes physiques, qui
met en évidence l'ordre et la merveilleuse harmonie
de ces phénomènes, pourrait produire légitimement
la négation de la suprême intelligence. Aussi n'est-ce
pas dans les sciences de cet ordre que le matérialisme contemporain cherche son point d'appui. Il
croit le trouver dans les études anthropologiques. Ce
sont des physiologistes et des naturalistes qui re-
nouvellent aujourd'hui les thèses philosophiques de
Démocrite et d'Épicure. Leurs affirmations peuvent
se résumer ainsi : La science (c'est surtout de la
physiologie qu'il s'agit) ne permet pas d'admettre la
réalité distincte de l'esprit humain. Les phénomènes
dits psychiques ne sont qu'une des manifestations
des phénomènes matériels. Telle est la thèse à examiner.

Quels sont les résultats vrais des études anthropologiques ? L'homme présente deux classes de phénomènes parfaitement distincts. Les uns se constatent objectivement par les sens. Si l'on fait abstraction de tout élément psychique, le corps propre
d'un individu se présente à son étude comme celui

d'un autre homme, comme celui des bêtes. Les phénomènes de la seconde classe se constatent subjectivement, et ce n'est qu'après les avoir constatés
ainsi que l'individu peut les attribuer à d'autres qu'à
lui-même, par voie d'induction ou d'analogie. C'est
ce que M. Herzen reconnaît explicitement : « Les
« physiologistes auraient beau étudier objectivement,
« pendant des siècles, les nerfs et le cerveau, ils
« n'arriveraient pas à se faire la plus petite idée de
« ce qu'est une sensation, une pensée, une volition
« si eux-mêmes n'éprouvaient subjectivement ces
« états de conscience. » [1] Voilà donc deux classes de
phénomènes qui diffèrent absolument par le mode de
leur connaissance : d'une part les données de la perception externe, d'autre part ce que le sujet, le moi,
s'attribue comme l'éprouvant ou le produisant ;
d'une part les phénomènes physiologiques, d'autre
part les phénomènes psychiques.

La distinction des faits physiologiques et des faits
psychiques, l'absence de tout passage possible pour
la pensée d'une de ces classes de faits à l'autre est
une vérité d'une telle importance qu'il convient d'en
signaler l'affirmation sous la plume d'écrivains et de
savants considérés.

M. TAINE. « Un mouvement quel qu'il soit, rota-

[1] Alexandre Herzen, *Le cerveau et l'activité cérébrale*, Lausanne, 1887, p. 34.

« toire, ondulatoire ou tout autre, ne ressemble en
« rien à la sensation de l'amer, du jaune, du froid ou
« de la douleur. Nous ne pouvons convertir aucune
« des deux conceptions en l'autre...; l'analyse, au
« lieu de combler l'intervalle qui les sépare, semble
« l'élargir à l'infini. » [1]

M. TYNDALL. « Le passage de l'action physique
« du cerveau aux faits de conscience correspondants
« est inexplicable... L'abîme qui sépare ces deux
« classes de phénomènes sera toujours infranchis-
« sable pour l'intelligence. » [2]

M. Du Bois-Reymond, après avoir signalé la différence absolue des phénomènes matériels et des phénomènes psychiques, dit qu'il n'est pas nécessaire
pour constater cette différence de penser aux manifestations supérieures de l'esprit humain et que l'é-
tude de la plus élémentaire des sensations suffit :
« Lorsqu'au commencement de la vie animale sur
« la terre, l'être le plus simple éprouva pour la pre-
« mière fois un sentiment de bien-être ou de dé-
« plaisir, l'abîme infranchissable dont je viens de
« parler s'ouvrit. » [3]

Il est facile de comprendre la nature de cet *abîme,*
pour employer l'expression qui s'est imposée à la

[1] *De l'intelligence,* t. I, p. 354.
[2] *Revue scientifique* du 6 novembre 1875, p. 487.
[3] *Revue scientifique* du 10 octobre 1874, p. 841.

pensée de MM. Tyndall et Du Bois-Reymond. Rien
ne peut mieux éclairer ce sujet que l'étude attentive
de cette phrase connue de Cabanis : « Le cerveau
« digère les impressions et fait organiquement la sé-
« crétion de la pensée. » Il suffit de s'arrêter à cette
expression la *sécrétion de la pensée*. Que se passe-t-il
dans une sécrétion? Les cellules élaborent dans leur
sein, au moyen des matériaux qu'elles ont puisés
dans le sang, et par des procédés physico-chimiques
encore mal connus, des produits matériels d'une
nature spéciale. Dans ce domaine tout se présente
objectivement à l'observation sensible, ou se repré-
sente à l'imagination. Il s'agit de mouvements de la
matière, et tout se ramène à des conceptions de
même ordre : masse, direction, vitesse... Mais s'agit-
il de la pensée? C'est un phénomène d'un ordre absolument différent. Toute représentation objective, em-
pruntée à l'observation sensible, fait défaut. Ainsi
que le remarque très justement M. Tyndall, on peut
toujours se *figurer* (se représenter objectivement) un
phénomène physique, une transformation du mouvement, « tandis qu'on ne peut pas se figurer le pas-
« sage de l'état physique du cerveau aux faits cor-
« respondants du sentiment. » [1] M. Herbert Spencer

---

[1] Discours à l'Association britannique pour l'avancement des
sciences (session de Norwich), reproduit dans la *Revue des
cours scientifiques* de 1868-69, n° 1.

a méconnu cette vérité lorsqu'il a écrit : « Les *modes*
« *de l'Inconnaissable* que nous appelons mouvement,
« chaleur, lumière, affinité chimique, etc., sont
« transformables les uns dans les autres, et dans
« ces modes de l'Inconnaissable que nous distinguons
« par les noms d'émotion, de sensation, de pensée. »[1]
Cet auteur assimile absolument au point de vue de
l'intelligibilité la transformation des mouvements
physiques les uns dans les autres et la transformation des phénomènes physiques en phénomènes psychiques. M. Liard a fait à ce propos une remarque
fort importante. « Il est faux de dire que du mouve-
« ment devient de la chaleur, et de la chaleur du
« mouvement. Pour parler en toute rigueur, il fau-
« drait dire que du mouvement de translation devient
« du mouvement vibratoire et que du mouvement
« vibratoire devient du mouvement de translation ;
« la théorie de l'unité des forces physiques implique
« qu'ils sont tous les répétitions infiniment variées
« d'un phénomène unique. »[2] Le phénomène unique
du mouvement demeure sous toutes ses transformations ; et parler de la transformation du mouvement
en sentiments et en pensées, c'est prononcer des
paroles qui n'ont aucune signification pour un esprit
attentif.

[1] *Les Premiers Principes*, p. 232 et 233.
[2] *La Science positive et la Métaphysique*, Paris, 1879, p. 364.

Les phénomènes physiologiques et les phénomènes psychiques diffèrent donc absolument par la diversité essentielle du mode de leur connaissance. Mais peut-on conclure légitimement d'une différence subjective dans le mode de connaissance à une différence objective ? Peut-on fournir, pour justifier l'affirmation de la distinction essentielle du corps et de l'esprit, un argument autre que celui tiré du procédé de la perception ? Oui. Si l'on admet les théories de la physique moderne, on peut formuler un argument dont la valeur est proportionnelle à celle de ces théories.

L'hypothèse de la conservation de l'énergie, qui remonte à une pensée de Descartes rectifiée et complétée par ses successeurs, est devenue l'une des bases essentielles de la science contemporaine. Dans la transformation du mouvement, l'énergie, c'est-à-dire la force actualisée ou virtuelle, demeure en quantité constante : telle est la thèse. Il en résulte que ce qu'un organisme produit, ou est capable de produire, est égal à ce qu'il reçoit. Les mouvements de la plante, de l'animal, de l'homme, représentent une quantité de force qui provient de leur nourriture, en donnant à ce terme une signification large comprenant l'action de la chaleur et de la lumière comme celle des aliments. Il doit donc y avoir équivalence entre la quantité d'énergie reçue et la quantité d'énergie dépensée. Or les phénomènes psychiques n'ont pas d'équivalent mécanique. Ils diffèrent donc en eux-mêmes, et indépendamment du mode de leur connaissance, des phénomènes physiologiques. C'est ainsi que la doctrine de la conservation de l'énergie doit conduire ceux qui l'admettent à reconnaître la différence objective des deux classes de faits que présente la nature humaine. La question est sérieuse et réclame une étude attentive.

Le mardi 7 décembre 1886, M. le professeur Gautier disait, dans la première leçon de son cours de chimie biologique : « La sensation, la pensée, le « travail d'esprit n'ont point d'équivalent mécanique, « c'est-à-dire qu'ils ne dépensent point d'énergie. » [1] L'affirmation avait une grande portée dans la bouche d'un des professeurs de la Faculté de médecine de Paris ; elle ne pouvait pas passer inaperçue, aussi a-t-elle soulevé une vive discussion [2]. M. Richet a répondu : « Assurément nous sommes bien loin de « pouvoir établir en mesure précise l'équivalent du « travail intellectuel et d'une action chimique ; mais

---

[1] *Revue scientifique* du 11 décembre 1886, p. 738.

[2] Voir dans la *Revue scientifique* des articles de MM. Richet (18 décembre 1886), Gautier (1er janvier 1887), Richet (15 janvier 1887), Herzen (22 janvier 1887), Pouchet (5 février 1887), Adrien Naville (5 mars 1887), Chauveau (4 février 1888).

« il est légitime, de par les nombreuses observations
« faites, d'admettre cette hypothèse vers laquelle
« convergent toutes les vérités connues jusqu'à ce
« jour. » [1] Quelles sont les observations faites ? Les
voici : « Tout ce qui a été fait sur les transformations
« chimiques ou les phénomènes thermiques de cause
« psychique tend à prouver que l'exercice de la
« pensée, c'est-à-dire l'acte intellectuel, correspond
« à une certaine activité chimique. » [2] Parfaitement.
Le fait de la concordance ou de la concomitance des
deux ordres de phénomènes est certain ; mais la
concordance peut avoir lieu pour des phénomènes
de natures différentes, tandis que l'équivalence ne
peut avoir lieu qu'entre des phénomènes de même
nature auxquels on peut appliquer une mesure commune. Où sera la commune mesure pour les phénomènes psychiques et pour les mouvements de la
matière ?

Toute équivalence s'exprime par des équations.
Quels sont les éléments dont dispose la science pour
établir des équations relatives aux mouvements de
la matière ? Il n'en existe que quatre : le volume
des corps, c'est-à-dire la partie de l'espace qu'ils
occupent, leur masse appréciée par la quantité de la

---

[1] *Revue scientifique*, 18 décembre 1886, p. 789
[2] Ibid., p. 788.

résistance, la direction du mouvement et sa vitesse.
Que les mouvements soient de translation, de ro-
tation, d'ondulation,... que la matière soit conçue
comme formée d'éléments impénétrables ou d'éléments indéfiniment compressibles, il n'importe ; on
ne pourra jamais faire entrer dans les équations que
les idées géométriques relatives au volume et à la
direction, et les idées arithmétiques relatives à la
masse et à la vitesse. Or, un phénomène psychique
échappe par sa nature même à une expression qui
permette d'établir son équivalence avec un mouvement. Prenons le cas le plus simple, celui d'une
sensation. Pour la physiologie, une sensation est un
mouvement moléculaire dans certains éléments du
système nerveux. C'est la condition de la sensation,
et non la sensation même, au sens psychique du
terme. Les physiologistes contemporains ont en-
trepris des études curieuses sur ce qu'on appelle la
mesure des actes psychiques. Il s'agit du temps qui
s'écoule entre une impression faite sur les sens et
la réaction consécutive à cette impression, temps
qui varie selon l'espèce des impressions et la nature
des individus. La double transmission physiologique
des sens externes au centre nerveux et de ce centre
aux organes est un mouvement dont la vitesse s'exprime par le temps et l'espace. Le fait psychique
en lui-même tombe sous la loi du temps ; une dou-

leur ou une joie se mesurent à la montre ; mais il est impossible de faire entrer l'espace dans leur expression. C'est pourquoi des équations établissant l'équivalence des faits physiologiques et des faits psychiques, sont et seront toujours impossibles. Considérons la chose sous un autre aspect.

Dans un mouvement purement réflexe, c'est-à-dire dans la réaction cérébrale ou spinale provoquée par une excitation des sens et tout à fait inconsciente, y a-t-il une des applications du principe de l'équivalence ? On répondra oui, sans hésiter, si l'on admet la conservation de l'énergie. Il s'agit d'un mouvement qui se transforme en vertu des propriétés de la cellule nerveuse, sans varier en quantité. Lorsque le mouvement réflexe est conscient, l'équivalence physiologique cesse-t-elle ? Si elle ne cesse pas, la conscience et tous les phénomènes psychiques dont elle est le siège n'entrent pas dans les équations, parce que ce sont des quantités d'une autre nature que les mouvements. S'il y a transformation des phénomènes physiologiques en phénomènes psychiques, l'équivalence purement physiologique cessera ; mais comme le fait psychique est inexprimable en mouvement, les équations seraient impossibles ; et sans équations possibles il n'y a pas d'équivalence constatable. Le passage des phénomènes physiologiques aux phénomènes psychiques ne serait pas une transformation, mais une véritable transmutation, puisque les phénomènes changeraient de nature. Que deviendra la doctrine de la conservation de l'énergie, si les mouvements de la matière deviennent des phénomènes d'un autre ordre, qui ne sont plus des mouvements actuels ou virtuels? C'est pourquoi cette doctrine met en évidence la réalité distincte de l'esprit, et fait que la thèse de M. Gautier sort victorieuse de la discussion.

La science établit donc la diversité essentielle des phénomènes physiologiques et des phénomènes psychiques « On le comprendra toujours plus clai-
« rement à mesure que la physiologie du cerveau
« progressera. Le monisme anthropologique ne
« peut subsister que dans le demi-jour. Quand les
« physiologistes auront réussi à exprimer en for-
« mules mécaniques et précises les mouvements
« des cellules cérébrales qui se produisent parallèle-
« ment aux faits conscients, personne ne pourra
« plus soutenir que ces faits conscients soient la
« même chose que ces mouvements.» [1]

Mais si la science établit la diversité des deux classes de faits que l'homme présente à l'observation, elle établit d'autre part leur union intime et permanente.

[1] Adrien Naville, dans la *Revue scientifique* du 5 mars 1887, p. 316.

L'action du corps sur l'esprit est si manifeste qu'elle n'a jamais été totalement méconnue. On a toujours su que les narcotiques engourdissent les facultés, que l'alcool les surexcite et en trouble l'exercice. L'opium endort, l'excès du vin enivre. Il n'est aucune des fonctions de l'organisme qui n'agisse sur les phénomènes psychiques. La digestion bonne ou mauvaise produit un état agréable ou pénible ; une altération des fonctions de la circulation produit le délire de la fièvre ; la nature de l'air que l'on respire modifie les dispositions de l'esprit. Ce sont là des faits d'observation ordinaire et commune. Les hommes ont toujours su, par une expérience immédiate, que la tête est l'organe de la pensée. Descartes paraît avoir oublié que l'étude prolongée fatigue le cerveau lorsqu'il a écrit qu'il se savait une chose qui pense, sans savoir s'il avait un corps. Qu'est-ce que la science ajoute à ces données de sens commun ? Elle établit d'abord que l'action de l'organisme sur les états psychiques n'est pas accidentelle, comme on le pense lorsqu'on parle de phénomènes de l'esprit dans lesquels le corps n'entrerait pour rien et, par exemple, de maladies purement et uniquement mentales. Le corps et l'esprit sont *distincts*, mais ne sont jamais *séparés ;* leur union permanente est aussi bien établie que leur distinction.

La science, la science contemporaine surtout,
s'efforce de découvrir la localisation cérébrale des
conditions organiques des états intellectuels et moraux. L'étude des cas pathologiques semble destinée
à fournir des lumières à ce sujet, lumières qui, dans
l'état présent des recherches, sont encore bien in-
complètes et vacillantes. Ces études offrent un grand
intérêt. Quel peut en être le résultat, en les sup-
posant couronnées d'un plein succès? Que peut-on
entrevoir, dans un lointain avenir, comme le résultat,
sinon probable, du moins théoriquement possible
des recherches?

Supposons un cerveau transparent et un physiologiste doué d'une science aussi complète que possible. De même que nous comprenons la pensée
dans les sons qui l'expriment par la parole, ou dans
les caractères de l'écriture, ce physiologiste consta-
terait tous les faits psychiques dans leurs conditions
organiques. Ces conditions organiques lui apparaîtraient comme des causes dans les phénomènes de
réceptivité; elles lui apparaîtraient comme des effets
dans les actes de la volonté. J'admets cette conception comme un idéal; j'admets que la science puisse
s'en rapprocher dans une certaine mesure; j'admets
que l'on arrive à déterminer la condition organique
de la conscience même, par la validation de quelques
hypothèses récentes à ce sujet. Il est impossible de

rien espérer, de rien entrevoir au delà d'un tel état de la science.

La science affirme donc l'union intime des phénomènes physiologiques et des phénomènes psychiques. « Les actes psychiques eux-mêmes sont liés à un « mouvement matériel. » C'est, selon M. Schiff, le résultat de ses expériences. [1] « Le fait fondamental « sur lequel repose toute psychologie scientifique « est qu'il n'y a point d'activité psychique sans « mouvement moléculaire corrélatif des éléments « nerveux. » C'est la conclusion des études de M. Herzen. [2] Voici comment s'exprimait M. Debierre, en ouvrant un cours d'anatomie à la Faculté de médecine de Lille. « Le psychologue, sous peine de « faire fausse route, doit être doublé d'un naturaliste..... Le philosophe lui-même doit se pénétrer « de cette vérité que la science de l'organisation « bien interprétée et l'*étude des conditions matérielles de l'intelligence* doivent être considérées « comme l'un des fondements les plus solides de la « psychologie. » [3] Cela est fort juste ; mais ce qui n'est pas moins juste, c'est que le naturaliste, dès qu'il aborde l'étude des phénomènes psychiques,

---

[1] *Archives de physiologie*, mars-avril 1869 à juillet-août 1870.

[2] *Le cerveau et l'activité cérébrale*, p. 17.

[3] *Revue scientifique* du 21 janvier 1888.

doit être doublé d'un psychologue, sous peine de
faire fausse route. Sans cela il courra continuellement le risque de perdre de vue les éléments con-
stitutifs de l'esprit humain pour ne voir que les
organes.

En résumé, la science établit la diversité essentielle et l'union intime des phénomènes physiologiques et des phénomènes psychiques. Elle enseigne
que, du moins dans les conditions de notre expérience ordinaire (je reviendrai sur ce sujet), l'esprit
ne fonctionne jamais à l'état d'isolement. Le dualisme cartésien est faux en tant qu'il admet la sépa-
ration du corps et de l'esprit ; il demeure et demeu-
rera éternellement vrai en tant qu'il affirme la
distinction de ces deux éléments inséparables de
l'existence concrète de l'homme. Telles sont les
données vraies de la science. Que faut-il penser de
l'affirmation que la science produit le matérialisme?

Dans un grand nombre de cas, le matérialisme se
présente comme la déduction d'une conception *a
priori*. Le baron d'Holbach nous livre le secret des
procédés de sa pensée en affirmant, au début de
son ouvrage, que l'univers ne renferme que de la
matière et du mouvement. Il ne faut qu'un faible
degré de logique pour déduire de cet axiome l'affirmation qu'il n'y a de réel dans l'homme que le
corps. M. Hæckel, abordant la question de l'origine

des espèces, dira bien que « le transformisme re-
« pose sur l'ensemble des phénomènes biologi-
« ques, » [1] mais lorsqu'il expose directement sa pensée fondamentale, il désigne le transformisme comme
l'un des éléments d'une doctrine générale qu'il défi-
nit ainsi : « La théorie de l'évolution, au sens le plus
« large, en tant que conception philosophique de
« l'univers, soutient qu'il existe dans la nature en-
« tière un grand processus évolutif un, continu et
« éternel, et que tous les phénomènes de la nature,
« sans exception, depuis le mouvement des corps
« célestes et la chute d'une pierre, jusqu'à la crois-
« sance des plantes et à la conscience de l'homme,
« arrivent en vertu d'une seule et même loi de
« causalité ; bref, que tout est réductible à la mé-
« canique des atomes. Conception mécanique ou
« mécaniste, unitaire ou moniste du monde, ou,
« d'un seul mot, monisme. » [2] Il ne peut donc y
avoir de réel dans l'homme que les faits dont la
mécanique des atomes fournit l'explication. Dans
ces deux cas, celui du baron d'Holbach et celui de
M. Hæckel, nous avons affaire à un *a priori* non
dissimulé. [3] Il est plus intéressant de s'adresser aux

[1] *Les preuves du transformisme*, p. 24.
[2] *Ibid.*, p. 16.
[3] Sur le caractère *a priori* du matérialisme, et spécialement
du matérialisme contemporain, on consultera avec profit l'ouvrage de M. Caro : *le Matérialisme et la Science*, Paris,
Hachette, 1867.

savants qui pensent que le matérialisme est le résultat de leurs études expérimentales, et qui affirment,
au nom [de ces études, l'identité des phénomènes
psychiques et des phénomènes de la matière. Il n'y
a que deux manières d'affirmer cette identité. Il faut
dire que la matière et ses mouvements ne sont que
des pensées de notre esprit ; c'est un idéalisme assez
innocent et qui n'aura jamais qu'un petit nombre
d'adeptes ; ou bien il faut dire que nos sensations,
nos sentiments, nos volitions, tous les actes psychiques, en un mot, ne sont que des mouvements.
C'est bien ce qu'on affirme. Je me borne à quelques
exemples.

M. RICHET déclare que, jusqu'à preuve du contraire, « il considérera la pensée et le travail psy-
« chique comme un phénomène vibratoire, de même
« ordre et de même nature que tous les phéno-
« mènes vibratoires connus jusqu'ici. » Il pense que
cette thèse est le résultat d'une induction légitime,
parce que sans cela la pensée serait « une excep-
« tion sans analogie dans le monde. » [1]

M. HERZEN. « Tout acte psychique consiste en
« une forme particulière de mouvement.» [2]

M. MOLESCHOTT. « La pensée est un mouvement

[1] *Revue scientifique* du 15 janvier 1887, p. 84.
[2] *Ibid.*, 22 janvier 1887, p. 105.

« de la matière. — La pensée est un mouvement,
« une transformation de la matière cérébrale. »[1]

Telles sont les thèses du matérialisme. J'éprouve
un certain embarras en présence d'affirmations de
cette nature. Elles sont fort claires en ce sens que
les paroles sont transparentes et ne jettent aucune
obscurité sur la pensée ; mais la pensée me semble
inintelligible dans la proportion même de sa clarté,
et je me demande si ceux qui l'émettent réussissent
à y attacher un sens ; de là mon embarras. Je par-
lais, un jour, de ce sujet avec un physiologiste célèbre ; et comme je caractérisais l'affirmation que
les faits psychiques sont des mouvements par des
termes un peu vifs, voici ce qu'il me répondit :
« Prenons pour exemple le fait psychique de la
« douleur. Nous disons que la lumière et les cou-
« leurs sont des ondulations de l'éther ; mais il est
« bien entendu que, pour que ces ondulations pro-
« duisent les sensations lumineuses, il faut qu'elles
« agissent sur des êtres capables de sentir. Nous
« pensons que, de même, la douleur est un mou-
« vement moléculaire de la substance nerveuse,
« mais il est bien clair que, pour qu'il y ait douleur,
« au sens psychique du terme, il faut que le moi
« soit présent. »

[1] *La circulation de la vie*, pp. 178 et 179.

Je me trouvai d'accord avec mon interlocuteur.
Il n'y a aucune objection à faire à la thèse que la
douleur, comme tous les autres faits psychiques, a
une condition organique ; mais le matérialisme ne
peut admettre la présence du moi, comme d'une
réalité distincte ; il est obligé de dire, et il dit, que
là où nous voyons un rapport entre les mouvements
de la matière et l'esprit, il n'y a de réel que les
mouvements de la matière qui ne sont pas la condition des phénomènes psychiques, mais qui les
constituent. Comment l'entendre ?

Écoutons M. Tyndall : « Admettons que le senti-
« ment *amour* corresponde à un mouvement en
« spirale dextre des molécules du cerveau, et le
« sentiment *haine* à un mouvement en spirale se-
« nestre. Nous saurions que, quand nous aimons,
« le mouvement se produit dans une direction, et
« que, quand nous haïssons, il se produit dans
« une autre ; mais le *pourquoi* resterait encore sans
« réponse. » [1] La question du pourquoi ne se pose-
rait pas si l'on pouvait admettre que l'amour et la
haine ne correspondent pas à des mouvements,
mais sont ces mouvements eux-mêmes.

Entendons maintenant l'illustre physicien Mayer.
« Il se produit continuellement dans le cerveau vi-

[1] Discours de Norwich. *Revue des cours scientifiques,* N° 1.

« vant des modifications matérielles que l'on carac-
« térise par l'expression d'activités moléculaires, et
« les opérations de l'esprit de chaque individu sont
« intimement unies à cette action cérébrale maté-
« rielle. Mais c'est une erreur grossière d'identifier
« ces deux activités qui se produisent parallèlement.
« Un exemple éclaircira complètement la question.
« On sait qu'aucune dépêche télégraphique ne peut
« avoir lieu sans la production concomitante d'une
« action chimique; mais ce que dit le télégraphe,
« c'est-à-dire le contenu de la dépêche, ne peut être
« considéré en aucune manière comme fonction
« d'une action électro-chimique. C'est ce que l'on
« peut dire avec plus de vérité encore du cerveau
« et de la pensée. »[1]

Comment essaye-t-on de justifier l'affirmation
que M. Mayer traitait d'erreur grossière? Il est impossible de nier la différence des faits matériels et
des faits psychiques. Pour se donner le droit d'affirmer néanmoins leur identité, on a recours à la
théorie que voici : Il s'agit d'un fait unique, mais
qui a deux faces : la face objective et la face subjective. Le corps et l'esprit sont une seule et même
chose, mais cette même chose se présente sous

---

[1] Discours aux naturalistes allemands à Insbruck, 1869.
Revue des cours scientifiques, 22 janvier 1880.

deux aspects ; il ne s'agit pas d'une différence d'existence, mais d'une simple différence de point de vue.

M. Lewes, entre autres, a clairement émis cette pensée. Il a écrit : « On peut indifféremment ap-
« peler la sensation un processus nerveux ou un
« processus mental, un mouvement moléculaire
« ou un état de conscience parce qu'elle est l'un et
« l'autre en même temps, et parce qu'il s'agit des
« deux faces d'une seule et même réalité. »[1]
Comme cet auteur déclare qu'il est nécessaire d'adopter franchement le point de vue biologique, c'est-à-dire de regarder les fonctions mentales comme des fonctions vitales, c'est le *Mouvement* qui a une face subjective.

M. Léon Dumont loue Lewes d'avoir établi « l'identité du mouvement et de la sensation », et affirmé que « la sensation est le mouvement lui-même subjectivement considéré ». Allant plus loin que Lewes dans la même direction de la pensée, il étend la sensation aux phénomènes physiques et chimiques et il écrit : « Toute sensation élémentaire « a, selon nous, conscience d'elle-même, car sentir « et avoir conscience sont des termes synonymes.

---

[1] Lewes, *Revue philosophique* de décembre 1879, p. 643, et Herzen, *Le cerveau et l'activité cérébrale*, p. 210.

« Nous ne pouvons admettre que certains mou-
« vements n'aient pas, à leur propre point de vue,
« de face subjective ; et par conséquent tout mou-
« vement, même en dehors de la conscience person-
« nelle du moi, doit être une sensation, un fait de
« conscience élémentaire, alors même qu'il reste,
« en tant que conscience, entièrement ignoré des
« autres faits de conscience. » [1]

C'est le mouvement qui a une face subjective *à
son propre point de vue*. C'est donc le mouvement
qui se considère lui-même, tantôt sous une face,
tantôt sous l'autre ; et en se voyant sous sa face subjective, c'est-à-dire en devenant sujet pour se considérer lui-même comme objet, il se voit sensation,
sentiment, pensée, volonté. Je ne sais rien de plus
inintelligible dans toute l'histoire de la philosophie
que cette théorie de la face subjective des mouvements de la matière. Le matérialisme est si peu le
résultat naturel de la science qu'il est la négation
positive d'une science sérieuse et complète. Pour
identifier deux ordres de faits dont l'observation
proclame la différence essentielle, il est conduit à se
perdre dans des régions obscures que recouvrent
les nuages épais de l'erreur. Comment s'expliquer
que cette doctrine séduise des savants d'ailleurs
estimables, des hommes d'ailleurs intelligents ?

[1] *Revue scientifique* du 8 mai 1875, p. 1059.

L'une des explications principales de ce phénomène est certainement la préoccupation exclusive
d'un seul ordre de faits. Les découvertes de la physique et les merveilles de l'industrie qui en ont été
le résultat, les explications physico-chimiques d'un
grand nombre des phénomènes de la vie, le développement des études de médecine scientifique,
constituent un ensemble de circonstances qui ont
fortement dirigé l'attention sur les sciences de la
matière. Ces circonstances expliquent, sans le justifier, l'espèce d'éblouissement qui frappe un certain
nombre d'esprits et ne leur laisse plus voir qu'un
seul côté des choses. De là la tentation de ramener
l'étude entière de l'homme à celle de ses organes.
M. Moleschott écrit : « J'ai voulu contribuer, suivant
« mes moyens, armé de la balance, de la machine
« pneumatique et du microscope, à détrôner les pro-
« positions sans valeur d'une tradition arbitraire. » [1]
La tradition sans valeur que M. Moleschott se propose de détrôner est relative à des objets qui
échappent par leur nature à la balance, au microscope et à la machine pneumatique. Lorsqu'on admet
que ce sont là les seuls instruments d'une science
véritable, on oublie tout ce qui leur échappe ; et
tous les phénomènes du monde spirituel dispa-

[1] *La circulation de la vie*, t. I, p. 10.

raissent pour un regard exclusivement dirigé vers les choses qui se voient ou se pèsent. L'étude de l'ouvrage de M. Herzen est fort instructive sous ce rapport. Ce savant explique qu'il existe deux conceptions différentes du monde et de l'homme : le monisme et le dualisme. Le monisme admet que tous les phénomènes de l'univers, les phénomènes psychiques compris, sont les modifications d'une seule essence, le dualisme admet deux essences différentes : la force et la matière, le corps et l'âme. Après ces explications l'auteur écrit : « Chacun peut « choisir entre le dualisme et le monisme et adopter « celui qui convient le mieux à sa manière de rai- « sonner et de sentir... En effet, la science ne dé- « montre d'une façon absolument certaine que le « *fait* de la simultanéité et de la corrélativité cons- « tantes et nécessaires de la vibration nerveuse et « de l'activité mentale ; elle en fait ainsi deux phé- « nomènes inséparables, devant toujours se mani- « fester ensemble, et ne pouvant avoir lieu l'un sans « l'autre ; mais elle ne peut, en aucune façon, « décider si l'activité de l'esprit et la vibration ner- « veuse sont *une seule et même chose ou deux choses* « *distinctes*, rivées l'une à l'autre par une mysté- « rieuse et inconcevable harmonie préétablie. A ce « sujet, il ne saurait y avoir de preuves positives, « puisque, pour les fournir, il faudrait pouvoir pé-

« nétrer l'essence des choses. Or l'essence des
« choses est inaccessible à notre intelligence.» [1]

On peut remarquer dans cette déclaration l'identité faussement établie entre deux idées distinctes :
celle de phénomènes se manifestant toujours ensemble, et celle de phénomènes ne pouvant avoir
lieu l'un sans l'autre. C'est le passage indu du *réel*
constaté par l'expérience au *nécessaire* qui est un
concept de la raison. Il convient de le remarquer
parce que c'est un procédé d'un emploi habituel
dans l'école empirique. M. Moleschott, par exemple,
demande qu'on accorde que « la pensée n'est que
« la page sur laquelle viennent s'inscrire les faits,
« et qu'elle n'a d'autre privilège que celui de les
« raconter, » [2] et il écrit : « Les lois de la nature sont
« l'expression la plus rigoureuse de la nécessité. » [3]
Il est bien difficile d'entendre comment la nécessité
est un fait que la pensée se borne à raconter. Mais
revenons à M. Herzen.

Après avoir déclaré au début de son œuvre
(page 6) que la science ne peut décider entre le monisme et le dualisme, ce savant se livre à une étude
spéciale de physiologie, et en avançant, il écrit :

Page 31. — A l'occasion des rapports entre l'or-

---

[1] *Le cerveau et l'activité cérébrale*, p. 6.
[2] *La circulation de la vie*, t. I, p. 22.
[3] Ibid., p. 6.

ganisme et les fonctions psychiques, « ce qui im-
« porte c'est de bien nous convaincre qu'il s'agit ici
« d'une chose seule, unique, dont l'existence pré-
« suppose deux attributs également nécessaires :
« l'attribut matériel et l'attribut dynamique. »

Page 53. — « *La force et la matière sont une seule
« et même chose,* et ne peuvent être séparées que
« verbalement. A l'appui de cette idée j'invoque le
« témoignage de la physique et de toute la chimie
« modernes ; il ne laisse à cet égard aucun doute :
« ces deux sciences exactes, s'il en fut, condamnent
« irrévocablement la conception vulgaire de la dis-
« tinction essentielle entre la force et la matière, et
« par conséquent le *dualisme* qui est l'expression
« philosophique de cette conception. »

Page 85. — « L'activité psychique doit être et ne
« peut pas être autre chose qu'un mouvement. »

Page 94. — « Tout acte psychique consiste en une
« transmission et en une modification d'une im-
« pulsion extérieure, c'est-à-dire en une forme par-
« ticulière de mouvement. »

A la page 6, la science laisse le choix libre entre
le monisme et le dualisme, et aux pages 31 et 53 le
dualisme est une conception vulgaire absolument
condamnée par la science. A la page 6, nous ne
pouvons pénétrer l'essence des choses, et aux pages
85 et 94 nous savons que le mouvement est l'es-

sence des actes psychiques. La contradiction est
visible. Je l'explique par les préoccupations exclusivement physiologiques de l'auteur. La page 6 a été
écrite par l'homme qui voit les diverses faces des
choses ; les pages suivantes ont été rédigées par le
physiologiste demeuré seul. Il serait facile de citer
d'autres exemples de contradictions analogues.
L'oubli des données immédiates de la conscience
permet seul d'identifier les phénomènes physiologiques et les phénomènes psychiques. Pour admettre
cette identification il faut considérer uniquement
l'organe matériel de la pensée et faire abstraction du
moi qui pense.

L'oubli du moi entraîne l'attribution indue d'éléments subjectifs aux faits objectivement constatés.
Il est fort intéressant d'étudier le mécanisme de
l'attention comme l'a fait M. Ribot. [1] Il faut seulement éviter de confondre les conditions et les manifestations physiques de cet état psychique avec cet
état lui-même qui ne saurait être attribué à la matière. Rien de plus impropre, de plus contraire aux
exigences d'une science sérieuse que de dire avec le
docteur Luys : « l'élément nerveux est attentif, la
« cellule cérébrale devient attentive. » [2] Dans *le Lac*

[1] *Psychologie de l'attention*, Paris, F. Alcan, 1889.
[2] *Le cerveau et ses fonctions*, 2e édition, G. Baillière, 1876,
pp. 172 et 175.

de Lamartine le flot devient attentif; mais personne n'a la naïveté de prendre au sens propre des mots cette figure poétique. Or la cellule nerveuse, en tant qu'organisme purement matériel, n'est pas plus capable d'attention que l'eau du lac du Bourget.

La préoccupation exclusive des phénomènes physiologiques, qui laisse dans l'ombre le moi, siège de l'intelligence et de la volonté, produit enfin une grave confusion d'idées : celle entre les conditions de la manifestation d'un pouvoir et ce pouvoir lui-même. La question a été fort bien élucidée par Claude Bernard. Il observe que certains états de l'organisme détruisent les manifestations du libre arbitre, comme c'est le cas dans la folie, par exemple. Il en conclut qu'il existe des conditions organiques qui seules permettent à la liberté d'entrer en exercice. [1] Mais il est évident que ces conditions de l'exercice possible du pouvoir libre ne constituent pas ce pouvoir. Pour que les rayons du soleil reparaissent après un ciel obscurci, il faut que le vent ait chassé les nuages; mais le vent qui chasse les nuages n'est pas la source de la lumière.

Si l'esprit ne se manifeste que sous certaines conditions organiques, comment concevoir son exis-

---

[1] *Leçons sur les phénomènes de la vie commune aux animaux et aux végétaux*, t. I, pp. 61 et 62.

tence lorsque ces manifestations sont supprimées ?
Pour répondre à cette question, la psychologie
peut emprunter des lumières à la physique. Descartes, en partant d'une conception *a priori*, avait
affirmé le maintien de la même quantité de mouvement dans le monde, quantité qui s'exprime par la
formule MV (la masse multipliée par la vitesse).
Leibniz a affirmé que la quantité qui demeure constante n'est pas celle du mouvement, mais celle de
la force vive qui s'exprime par la formule MV^2
(la masse multipliée par le carré de la vitesse). La
force vive paraît bien en quantité égale dans les
diverses transformations du mouvement réalisé,
mais on ne peut établir la conservation de l'énergie
qu'en admettant l'existence de forces non manifes-
tées et demeurant à l'état simplement virtuel. C'est
pourquoi Helmholtz a dû écrire : « La somme des
« forces vives et des énergies *potentielles* est constante. »[1] Les progrès les plus récents de la physique
nous ramènent donc à la pensée d'Aristote, distinguant ce qui existe en acte et ce qui existe simplement en puissance. Si nous sommes conduits à
admettre l'existence de la force physique à l'état po-
tentiel, il n'est pas plus difficile d'admettre un mode
analogue d'existence pour la force psychique. L'os-

---

[1] *Mémoire sur la conservation de la force*, p. 71.

prit n'est pas constitué par ses actes accomplis,
mais par le pouvoir de les accomplir. Ne pas distinguer les manifestations *possibles* d'un être de ses
manifestations *actuelles* est une erreur grave.

J'ai admis, dans tout ce qui précède, l'union in-
dissoluble des phénomènes psychiques et des mouvements de la matière composant le corps humain.
C'est bien là le résultat de l'expérience ordinaire et
commune. L'esprit ne se manifeste pas sans des
phénomènes cérébraux constatés, ou, le plus souvent, supposés par une induction légitime. Mais
n'existe-t-il aucun fait qui ouvre d'autres voies à la
pensée? Pour préciser la question: N'a-t-on jamais
constaté des perceptions absolument anormales au
point de vue de notre physiologie? On raconte que,
en 1756, le fameux Swedenborg revenant d'Angleterre débarqua à Gothenbourg et décrivit un incendie
qui se produisait au moment même à Stockholm.
Sa description, dit-on, se trouva parfaitement exacte.
La chose fit du bruit et Kant jugea la question assez
sérieuse pour lui consacrer un long écrit. Nombre
de faits de cette nature ont été affirmés. Pendant
longtemps les hommes de science ont refusé de les
prendre en considération ; ils leur ont opposé une
fin de non recevoir plus ou moins dédaigneuse en
se bornant à prononcer le mot *impossible*. Il s'est
produit à cet égard, depuis quelques années, une

modification très sensible dans les dispositions
d'une partie du monde savant. A l'occasion des
phénomènes mystérieux de l'hypnotisme, on a
affirmé et l'on affirme que les limites du possible
nous sont inconnues, que rien ne prévaut contre un
fait, et que les termes d'invraisemblable, d'étrange
et d'impossible ne sont nullement synonymes. Des
récits rejetés autrefois avec trop de dédain sont
peut-être acceptés aujourd'hui avec trop de crédu-
lité par les savants qui se considèrent comme les
représentants de la méthode expérimentale ; mais
un progrès logique considérable a été effectué. On
se rend compte, mieux que jadis, que la contradiction seule constitue l'impossibilité et que, en
matière de faits, tout ce qui est attesté par des témoignages valables doit être accepté quelque étrange
qu'il paraisse.

Sous le nom de vision mentale ou de double vue,
on affirme donc maintenant des faits analogues à la
vision de Swedenborg .[1]

La plupart des récits de cette nature doivent être
acceptés provisoirement sous bénéfice d'inventaire ;
et les témoignages qui les transmettent doivent être

---

[1] Voir, par exemple, un article de M. Dufay dans la *Revue
philosophique* de février 1889, et le récit détaillé de phénomènes de cet ordre que j'ai inséré dans la même *Revue*, nu-
méro de juin 1890, pp. 634 et 635.

pesés avec soin. De plus, ces faits ne peuvent pas
être la base d'une induction comme celle du physicien qui, partant de la notion de la constance des
phénomènes naturels, peut conclure d'une seule
observation certaine à une loi. En effet il est probable que, dans les cas de perceptions anormales,
s'il en existe, les visions qui se trouvent réelles sont
mêlées d'hallucinations. Il faut donc toujours admettre comme possible la simple coïncidence entre
une hallucination et un phénomène extérieur. Mais
on comprend que l'hypothèse des coïncidences fortuites perdrait de sa valeur dans la mesure du nombre
des phénomènes observés. La question est de savoir
si les observations sont, ou seront assez nombreuses
pour qu'on puisse admettre que des perceptions
anormales ont été valablement constatées. Tout
esprit prudent pensera, je le crois, que la question
ne peut pas encore être résolue, mais que la négation *a priori* est anti-scientifique, et que c'est à un
point d'interrogation qu'il faut s'arrêter. En s'y ar-
rêtant, il subsiste un doute d'une grande portée.

S'il est admis, même à titre de simple possibilité,
que l'esprit ait des perceptions dans des conditions
absolument autres que celles que détermine notre
science, la thèse des savants qui, étudiant les phénomènes du système nerveux, affirment que les
phénomènes psychiques n'en sont que la face sub-

jective, se trouve gravement compromise. Il y aurait, en effet, des faits psychiques que nous constaterions sans pouvoir indiquer aucun fait physiologique correspondant. Bacon, malgré sa préoccupation trop prédominante des causes matérielles, était arrivé à la pensée qu'il y a certains états physiologiques « qui dégagent l'âme des liens du corps et la rendent « plus capable de jouir de sa propre nature. » [1] C'est admettre que l'esprit connaît par sa propre nature, et que les organes qui sont des moyens pour la connaissance en constituent aussi la limite. L'expression de *vision mentale*, si on la prenait à la lettre, aurait la même signification, puisqu'il s'agirait d'une perception de l'esprit par opposition aux perceptions corporelles des organes de la vue. On peut, par des motifs tirés de l'induction et de l'analogie, considérer la réalité de visions purement mentales comme extrêmement douteuse. Si le fait des perceptions anormales existe, on peut supposer qu'il est le résultat de l'action d'un milieu matériel avec lequel nous n'entrons en rapport que dans des conditions physiologiques exceptionnelles. La nature propre de l'esprit, dont parle Bacon, ne serait pas alors de connaître d'une façon purement mentale, mais de pouvoir connaître par des rapports différents

[1] *De dignitate,* livre IV, chapitre III.

avec la matière : tantôt par l'action des organes qui
sont l'objet de nos études physiologiques, tantôt par
des procédés dont l'intervention serait si rare, si ex-
ceptionnelle, qu'ils échapperaient probablement toujours à nos investigations scientifiques. La question
est de savoir s'il y a « des hallucinations véridiques
« qui nous permettent de soupçonner qu'il existe une
« *faculté de connaissance,* dont les termes assurément
« nous échappent, mais qui se manifeste parfois
« chez certains hommes. » [1] Même en admettant que
cette faculté de connaissance ait des conditions matérielles, ce double rapport possible de l'esprit avec
le monde physique me paraîtrait fournir un argument aux défenseurs de la réalité distincte de cet
esprit. Les matérialistes pourront bien dire que les
perceptions anormales sont, comme les perceptions
ordinaires, des mouvements de la matière cérébrale
que notre ignorance seule nous empêche de constater.
Toutefois si l'existence de deux espèces différentes
de perceptions était constatée, l'explication la plus
naturelle des faits serait bien que l'esprit ayant une
réalité distincte est capable d'entrer avec le monde
physique dans deux rapports, l'un habituel, l'autre
exceptionnel et rare.

Le matérialisme ne sort pas de la science, on l'y

[1] Raphaël Chandos, dans la *Revue des Deux-Mondes,* mai
1888, p. 214.

met. C'est un système de philosophie, produit d'une
induction précipitée relative à un seul ordre de phénomènes, et qui s'impose ensuite indûment comme
un *a priori* incompatible avec les données d'une
science complète. Ce n'est assurément pas l'observation qui permet d'affirmer que « la pensée est un
« phénomène vibratoire de même ordre et de même
« nature que tous les phénomènes vibratoires
« connus jusqu'ici, » [1] puisque l'observation établit
que les mouvements de la matière et la plus simple
des sensations offrent une dualité irréductible que
l'esprit systématique seul peut méconnaître.

On a souvent dit aux matérialistes: « Vous ne
voyez qu'un seul ordre de phénomènes : ceux qui sont
l'objet des perceptions sensibles, et vous en oubliez
un autre : l'ordre des phénomènes qui sont l'objet de
la perception interne que l'esprit a de lui-même et
de ses modes. » On peut leur faire une réponse
plus directe encore et leur dire : « Quelle idée avez-
vous de cette matière, à laquelle vous prétendez
réduire toute réalité? L'existence des corps étrangers vous est révélée par leur résistance au mouvement de vos organes ; et l'existence de votre corps
propre vous est révélée par sa résistance à votre
effort. C'est donc par l'acte de la volonté que vous

[1] *Revue scientifique* du 15 janvier 1887, p. 84.

acquérez l'idée des qualités essentielles des corps:
la forme et le mouvement. Ces qualités essentielles
existent pour les sourds, pour les aveugles, pour
des hommes privés du goût ou de l'odorat. D'où
vous vient l'idée des autres propriétés des corps :
la lumière, la couleur, etc. ? Des rapports établis
entre votre faculté de sentir et les mouvements de
la matière externe, transformés en mouvements de
votre système nerveux. Sans l'être capable de sentir
il ne resterait que les mouvements qui sont la condition objective des sensations. C'est donc par la
sensibilité que vous acquérez l'idée des propriétés
secondaires des corps. D'où vous vient enfin l'idée
des lois du mouvement au moyen desquelles vous
croyez pouvoir tout expliquer ? Ce n'est par aucun
des sens que nous percevons les mathématiques,
qui sont la base de la mécanique. C'est par l'intelligence que vous acquérez l'idée des lois de la
nature. »

Donc, dans la seule considération de la science
de la matière, on voit l'esprit se manifester dans ses
trois fonctions : volonté, sensibilité, intelligence, et
l'on peut formuler cette affirmation qui acquiert un
degré de certitude proportionnel au degré d'attention qu'on lui accorde : *Si la matière existait seule,
le matérialisme n'existerait pas.*

APPENDICE

——

Après l'époque où il a bien voulu prendre connaissance de mon manuscrit (voir ci-dessus la page 35), M. Flournoy a publié une étude de psychologie, très digne de fixer l'attention des amis de la science. [1] Les lecteurs y auront rencontré des vues qui diffèrent des miennes sur quelques points d'une certaine importance. L'existence de ces dissentiments augmente la valeur de l'assurance que M. Flournoy a bien voulu me donner que, dans son opinion, mon travail ne renferme rien de contraire au données de la science contemporaine. Ce jugement favorable ne peut pas être interprété comme le résultat de l'indulgence à laquelle sont portés les uns à l'égard des autres des hommes professant exactement les mêmes doctrines.

M. Flournoy s'adressant d'une manière spéciale aux étudiants, comme je le fais moi-même dans les pages précédentes, il me semble utile d'indiquer brièvement ici la nature de son travail, de signaler les points sur lesquels je me trouve d'accord avec lui et ceux à l'égard desquels nos vues sont divergentes.

[1] *Métaphysique et Psychologie*, par Th. Flournoy, docteur en médecine. — Brochure in-8° de 133 pages. Genève, librairie Georg, 1890.

On peut extraire de l'écrit sur la *Métaphysique et la Psychologie*, les quatre thèses suivantes qui en constituent une partie essentielle :

1° La psychologie doit être dégagée de toute théorie philosophique *a priori*, et n'avoir d'autre fondement que l'observation des faits. C'est à cette condition que les sciences physiques et naturelles ont été constituées en se séparant des tentatives prématurées de synthèses qui caractérisent les débuts de la pensée scientifique. La psychologie doit faire de même. C'est une science spéciale qui doit avoir pour base unique l'observation des classes particulières de faits qui font l'objet de son étude.

2° L'homme présente deux classes de faits hétérogènes dont la simultanéité ne doit jamais faire oublier la diversité essentielle. Les faits physiologiques ont un caractère *objectif*, et se ramènent tous à des mouvements de la matière, mouvements qui sont directement observés, ou supposés par une induction *légitime*. Les faits psychiques ont, dans leur diversité, un caractère commun, ils se manifestent à la conscience. Ils sont *subjectifs* par essence, en sorte que nul observateur étranger ne peut les constater directement. Ce n'est que par la foi accordée au témoignage que nous pouvons savoir avec certitude ce qui se passe dans des esprits autres que le nôtre. L'affirmation de faits psychiques inconscients est une affirmation contradictoire, puisque c'est la conscience qui forme le caractère de ces faits et trace la limite qui les sépare des phénomènes purement physiologiques. La conscience étant supprimée, il ne reste que des mouvements qui seront la condition de phénomènes psychiques quand la conscience reparaîtra, mais qui, considérés en eux-mêmes et dans leur isolement, donnent lieu à une étude purement objective. Les mouvements de la matière et

les faits de conscience sont des conceptions absolument hétérogènes : il y a là deux classes de faits irréductibles l'une à
l'autre. Le *dualisme* des phénomènes est, pour une étude
impartiale de psychologie, une certitude immédiate, une
donnée primitive, un point de départ.

3° Les deux classes de faits irréductibles que l'homme
observe en lui-même sont liés d'une manière inséparable
dans tout le domaine de notre expérience. Leur simultanéité
n'est pas moins certaine que leur diversité. A l'affirmation
du dualisme des phénomènes se joint ainsi celle de leur *parallélisme*. Ce parallélisme est directement observable dans
un grand nombre de cas, où l'on voit tel fait physiologique
être toujours accompagné de tel fait psychique et inversément. Une induction naturelle nous porte à admettre que le
parallélisme s'étend au-delà des limites de nos observations actuelles ou même possibles, et que tout phénomène psychique
est en corrélation avec certains mouvements de la substance
cérébrale. Notre science des fonctions de l'encéphale est très
rudimentaire sans doute, mais rien ne s'oppose à ce qu'on
conçoive l'espérance de la voir s'affermir et se développer. Il
résulte du parallélisme des phénomènes une conséquence
importante. Les phénomènes psychiques : impressions,
images, désirs, volitions, offrent un enchaînement susceptible
d'être exprimé par des lois. Leurs corrélatifs physiologiques
peuvent aider à l'établissement de ces lois en offrant à la
psychologie proprement dite, c'est-à-dire à l'étude directe de
l'esprit, le secours d'une étude qui permet les procédés
rigoureux d'investigation objective auxquels les sciences
physiques et naturelles doivent leur progrès.

Dualisme et *Parallélisme*: tels sont les deux principes
qu'il faut avoir toujours en vue pour une étude solide et
fructueuse de la nature humaine. La correspondance des

deux classes de phénomènes ne peut recevoir aucune explication satisfaisante dans le domaine de la science expérimentale. Les hypothèses philosophiques relatives à l'union de
l'âme et du corps ne jettent aucune lumière quelconque sur
le *comment* de cette union.

4° Les sentiments du devoir et de la responsabilité, et tous
les jugements moraux qui en découlent, supposent l'existence
du libre arbitre. Là où tout est déterminé fatalement il n'y a
aucune place pour les idées du bien et du mal, qui sont l'une
des manifestations les plus importantes de la conscience humaine. Déterminisme et libre arbitre sont deux conceptions
contradictoires, et les tentatives faites par quelques philosophes pour concilier la pensée de la responsabilité avec celle
de l'enchaînement nécessaire des phénomènes psychiques
n'ont rien d'intelligible.

Ces quatre thèses me paraissent l'expression légitime des
résultats de l'observation psychologique. M. Flournoy les
défend par des raisonnements solides qu'il enrichit de citations importantes. Il expose et réfute victorieusement les
différents sophismes par lesquels on tente de substituer au
dualisme des phénomènes humains un monisme qui, dans la
disposition actuelle des esprits, devient très souvent un monisme matérialiste. En parlant de *psychologie physiologique,*
il arrive souvent qu'on laisse l'adjectif dévorer le subs-
tantif, et que la physiologie n'aide pas, mais supprime la psychologie. Dans cet état des discussions contemporaines,
l'écrit dont je rends compte peut être d'une utilité véritable
pour les étudiants auxquels l'auteur a pensé en le rédigeant.
Sauf quelques réserves de détail et de peu d'importance, je
me trouve d'accord avec l'auteur pour toute la partie de son
étude qui conserve un caractère vraiment expérimental ;

mais il n'en est pas de même pour les vues générales qui constituent sa philosophie, et dont j'ai fait abstraction dans l'exposition qui précède.

Voici les conclusions du travail de M. Flournoy : Nous devons cultiver les sciences avec zèle ; nous devons nous appliquer avec un zèle égal à la pratique des vertus tant privées que sociales (page 84). Ces deux maximes excellentes ne soulèvent aucune objection ; mais voici la pensée qui établit leurs rapports d'une manière qui soulève de graves difficultés : Entre l'idée de la science et la pratique de la vertu, il y a une contradiction logique. Le but de la science est de comprendre. « Comprendre un évènement, « c'est le rattacher à ses causes, c'est-à-dire assigner la « série et l'ensemble d'évènements antérieurs qui l'ont « produit, qui l'ont rendu nécessaire.... L'axiome constitutif « de toute science est celui de déterminisme absolu » (64). « Le déterminisme absolu de tous les phénomènes est le « seul principe qui puisse, dans un domaine quelconque, « servir de base à une science vraiment digne de ce nom » (69). Mais le déterminisme n'est-il pas la négation de tout élément de libre arbitre dans les actions humaines ? Certainement. Aussi « la science expire où commence la liberté » (64). Mais cette liberté que la science nie, la conscience la réclame. Oui ; aussi l'idée du libre arbitre jette la pensée dans une impasse. « La science l'exclut comme sa négation même, « la responsabilité le réclame comme sa condition absolue » (68). Comment sortir de là ? En admettant que les principes directeurs des recherches scientifiques ne permettent pas de rien affirmer sur la nature réelle des choses (76) ; en admettant que la vérité scientifique peut ne pas être « le vrai... « véritable » (129). On peut alors cultiver la science qui nie le libre arbitre, sans lui permettre de détruire la vie morale qui

le suppose et le manifeste. Une foi morale qui dirige
la conduite coexiste avec la science dont la valeur se trouve
marquée d'un signe d'interrogation. La réalité dans son essence (celle sans doute qui est la base de la vie morale) « n'est
« aucunement susceptible d'être représentée ni conçue, mais
« seulement éprouvée et — vécue » (76). C'est le point de
vue de Kant, qu'on peut exprimer, au moyen d'une figure, en
disant qu'il a immolé la science sur les autels de la vertu.
C'est là, pour la pensée, une situation trop violente pour qu'il
ne convienne pas, avant de l'accepter, d'en étudier sérieusement la valeur en en discernant les origines.

D'où provient la pensée que toute science a le déterminisme pour principe ? Elle naît d'abord de la considération
des sciences de la nature, dont il s'agit d'étendre les procédés à tous les domaines. M. Flournoy parle des sciences
physiques et *naturelles*, et il semble parfois effacer les
adjectifs pour établir des conclusions relatives à la science
en général (Avant-Propos et 53, 58, 59). Il reconnaît explicitement que la conception du déterminisme « s'étend peu à
« peu du domaine de la physique, où elle ne souffre pas de
« difficulté, à celui de l'histoire et de la psychologie » (65).
Mais il sait bien que cette extension du principe soulève de
grandes difficultés, qu'il signale avec beaucoup de clarté et
d'énergie. Pourquoi ces difficultés ne l'arrêtent-elles pas ?
Parce que pour lui le déterminisme n'est pas simplement le
résultat d'une induction étendant le principe des sciences
physiques à tous les domaines, mais le principe même de
toute science, un axiome, un *a priori* (76, 83, 127). Un fait
n'est scientifiquement compris que lorsqu'il est expliqué par
des antécédents dont il est le conséquent *nécessaire* (64).
Cette conception de la science se justifie pleinement si l'on

admet l'explication de l'univers que nous propose la philosophie idéaliste. Si la logique est le fond même des choses,
l'expression de la réalité suprême, comme l'entendent Spinoza et Hégel, l'universelle nécessité est l'affirmation fondamentale de la raison ; le déterminisme absolu devient le
principe suprême de la science, et le libre arbitre avec toutes
ses conséquences est une illusion à rejeter. M. Flournoy ne
l'entend pas ainsi, puisqu'il accorde au sentiment moral, qui
réclame le libre arbitre, une valeur assez grande pour carac-
tériser une science qui le contredit comme une simple
fantasmagorie (76). Mais où donc puise-t-il sa conception de
la science ? Il me parait difficile de ne pas soupçonner que
ce penseur qui emploie parfois à l'égard de la philosophie et
de la métaphysique (ces deux termes paraissent pour lui
synonymes) des expressions quelque peu irrévérencieuses,
subit à son insu l'influence d'une philosophie très déter-
minée. N'est-ce pas sa conception *idéaliste* du principe de
causalité qui le met dans la situation violente dont il ne sort
qu'en déniant à la science, telle qu'il la conçoit, toute valeur
vraiment objective ? Ceci vaut la peine d'être examiné avec
soin.

Lorsqu'on considère l'idéalisme comme la vraie philosophie, on a la prétention d'expliquer les faits *a priori*. Il
existe alors une opposition vive entre la philosophie et les
sciences, parce que les défenseurs des sciences expérimentales s'insurgent avec raison contre une méthode
qui n'a jamais produit que des chimères. Mais cette opposition, qui résulte d'une fausse conception de la philosophie,
n'a plus de raison d'être lorsque les règles de la vraie méthode ont été reconnues. La philosophie est une science
générale, qui s'élève au-dessus de toutes les sciences particulières ; mais les résultats de ces sciences sont sa base et

le contrôle de ses hypothèses. Toutes les sciences de faits
sont expérimentales dans leur matière et rationnelles dans
leurs procédés d'explication, et la philosophie n'a pas sous ce
rapport d'autre méthode que la physique. L'observation des
faits est sa seule base légitime. Or l'observation de l'ensemble des faits dont nous pouvons avoir connaissance a un
double résultat : Elle nous montre d'une part un ensemble
de phénomènes régis par le déterminisme, parce que la matière dont ces phénomènes sont la manifestation est conçue
comme soumise à la loi d'inertie ; c'est l'objet des sciences
physiques au sens large du terme. L'observation nous révèle
d'autre part un ensemble de phénomènes dont un élément
de liberté est le postulat ; c'est l'objet des sciences morales,
au sens large de ce terme. La science générale, ou la philosophie, manque à sa mission si elle ne prend pas également
en considération ces deux ordres de faits. Est-ce que, dans
l'étude de la nature, ces deux ordres de faits revêtent pour la
pensée un caractère contradictoire ? Nullement. Lorsque les
sciences physiques veulent remonter aussi haut et aussi loin
que possible dans la série de leurs explications, elles arrivent
à l'hypothèse de la nébuleuse primitive. Tous les faits d'ordre
physique doivent trouver leur explication dans la disposition
des éléments de la nébuleuse auxquels se sont appliquées
une impulsion première et les lois de la communication du
mouvement. Un spectateur doué d'une science physique
absolue, aurait donc vu dans la nébuleuse primitive les con-
tinents et les mers, les montagnes et les vallées, les rivières
et les fleuves de notre globe. Y aurait-il vu les constructions
élevées par les hommes, nos villages et nos villes, nos
maisons et nos églises? Telle n'est pas l'opinion commune,
et cette opinion commune n'est contredite par aucune donnée
scientifique. La nature suivant son cours ordinaire et les

travaux de l'industrie qui modifient ce cours sont des faits de deux ordres différents : Les uns sont soumis dans leur uniformité à la loi du déterminisme ; les autres manifestent l'intervention libre et variable de l'humanité. Mais conclure de cette diversité à une opposition serait une erreur. L'industrie humaine ne trouble pas le déterminisme des lois de la nature ; elle modifie seulement sur certains points le mode d'application de ces lois. Tout ce que l'homme peut faire se borne, comme le dit Bacon, à rapprocher ou à éloigner les éléments de la matière. Ces déplacements sont l'œuvre de sa volonté ; mais, dès qu'ils sont accomplis, tout se passe conformément aux lois du déterminisme de la nature. En utilisant la force motrice d'un cours d'eau, on n'en change pas la quantité, mais seulement l'emploi. Il en est de même pour toutes les forces physiques. La coexistence du déterminisme de la nature et de l'activité libre de l'humanité dans l'industrie n'offre aucune difficulté à la pensée.

Appliquons ces vues à la psychologie. M. Flournoy écrit : « Lorsque la psychologie expérimentale suppose que tout est « nécessaire, que les phénomènes psychiques s'enchaînent « rigoureusement, que le libre arbitre n'existe pas plus dans « son domaine qu'en physique ou en astronomie, elle ne fait « qu'user de son droit et remplir son devoir » (83). Cela est vrai pour la *physiologie* qui étudie l'élément de nature dans l'être humain ; mais, en faisant ainsi, la *psychologie* méconnaît son devoir et s'attribue un droit contraire à son essence même. En effet, qu'est-ce qui caractérise les faits psychiques dans leur opposition aux phénomènes physiques ? La conscience. L'obligation morale, la responsabilité, le libre arbitre qui est leur postulat, sont-ils des faits de conscience ? Certainement oui. Comment donc la psychologie peut-elle établir sa méthode sans prendre en considération les faits de cet

ordre qui ne sont assurément pas une quantité négligeable ?
Loin de partir d'un *a priori* déterministe, qui est l'irruption
d'une conception philosophique dans le domaine de l'expérience, la psychologie expérimentale (je n'en connais pas
d'autre qui soit légitime) doit se proposer de constater autant
que possible quelle est dans la vie humaine la part du déterminisme et celle de la liberté. La question est la même que
celle qui se pose lorsqu'on considère l'action de l'industrie
dans ses relations avec les forces physiques. Les lois psychiques doivent être soigneusement étudiées, comme les lois
de la nature. Elles constituent l'élément déterminé de l'existence humaine; elles expliquent seules les faits si la volonté
n'intervient pas. Les phénomènes psychiques sont reliés au
monde matériel par les fonctions du système nerveux et
très spécialement, uniquement peut-être, par les fonctions de
l'encéphale. C'est donc dans les rapports de la volonté avec
la mécanique cérébrale que le problème se pose. Ce problème a été nettement indiqué et non moins nettement ré-
solu par Claude Bernard. Ce grand défenseur du déterminisme physiologique a pris des précautions qui n'ont pas été
assez remarquées pour qu'on ne déduisît pas de sa doctrine
des conséquences négatives quant à la question du libre arbitre. Il fait observer qu'il y a un déterminisme de la *non-
liberté* morale, comme le prouve l'existence de la folie produite par un désordre de l'organisme, d'où il conclut avec
raison qu'il y a un déterminisme de la *liberté,* c'est-à-dire
« un ensemble de conditions anatomiques et physico-chi-
« miques qui lui permettent d'exister. » [1] Lorsque ces conditions sont réalisées, la liberté peut entrer en exercice:

[1] *Rapport sur les progrès de la physiologie générale en
France.* Page 233.

mais « l'acte libre ne peut exister que dans la période direc-
« trice des phénomènes; une fois dans la période exécutive
« le déterminisme doit être absolu. » [1] La volonté a sur la
substance cérébrale une action initiale et libre; tout ce qui se
passe ensuite dans le système nerveux est déterminé par les
lois de la physiologie.

Placer Claude Bernard dans les rangs des partisans de la
nécessité *psychique*, c'est agir comme ceux des disciples de
Newton, qui, malgré les déclarations formelles du grand
astronome, lui ont imputé la pensée de la nécessité des lois
de la mécanique céleste.

Mais, disent les partisans du déterminisme universel, la
science veut comprendre, et un acte libre ne se comprend
pas; admettre un acte libre, c'est admettre un effet sans
cause. C'est dans l'interprétation du principe de causalité que
se trouve la réponse à l'objection.

La base de toute science des faits, l'axiome des axiomes
est que tout ce qui survient a une cause. Admettre un événe-
ment sans cause, c'est accorder un pouvoir au néant, ce qui
constitue une contradiction proprement dite; mais nous avons
deux idées très distinctes de la causalité.

Selon la première de ces idées, une cause est un antécé-
dent qui produit un conséquent selon une loi nécessaire.
C'est la causalité *physique*, dont la conception déterministe
de la science est le résultat. Cette idée s'applique également
à l'enchaînement des phénomènes psychiques, pour autant
qu'ils suivent leur cours sans l'intervention du libre arbitre.
Selon la seconde de ces idées, une cause est un pouvoir de
déterminations libres dont la raison d'être est dans ce pou-

---

[1] *Leçons sur les phénomènes de la vie commune aux animaux
et aux végétaux*. Tome *I*, pages 61-62.

voir lui-même. C'est la causalité *morale*. Les effets produits
se comprennent dans le second cas aussi bien que dans le
premier. En effet : étant donné le principe de l'inertie de la
matière et de l'inertie psychique qui en est la manifestation,
d'après le principe du parallélisme des phénomènes, la
raison en déduit l'enchaînement nécessaire de tous les faits.
Étant donnée l'idée d'un pouvoir libre, la raison en déduit
la possibilité de déterminations différentes dans l'acte de ce
pouvoir. Le passage de la nature de la cause à la nature
de ses effets est aussi logique dans un cas que dans l'autre.
Il faut seulement renoncer à étendre à tous les ordres de
faits l'idée de la causalité physique, et cette renonciation est
imposée par les exigences du sentiment moral qui est une
des données essentielles de la psychologie.

Il est impossible de nier que nous avons la conception
parfaitement nette de ces deux sortes de causes : les causes
dont l'effet est nécessaire, les causes libres dont les effets
sont contingents et variables. Ceux qui nient la réalité des
causes de la seconde espèce ne peuvent pas nier qu'ils en
ont l'idée, par la très bonne raison qu'on ne peut nier que
ce qu'on conçoit. Il est naturel de se demander laquelle de
ces deux idées est primitive. Où est pour nous le type
premier de l'idée de la cause qui, dans sa généralité, est
celle d'un pouvoir producteur que l'on a vainement essayé
de réduire à la simple pensée de la succession des phénomènes. Il est manifestement impossible d'extraire l'idée
d'une cause libre de celle d'une connexion nécessaire.
On comprend au contraire que l'homme puisant l'idée de
cause dans le sentiment de son propre pouvoir, l'étende ensuite à la nature, en faisant abstraction de l'élément de
liberté pour ne conserver que celle d'un pouvoir détermi-
nant dont la science cherche à préciser la nature. S'il en est

ainsi, on nie scientifiquement le libre arbitre au nom d'une conception dont l'exercice du libre arbitre et la véritable origine.

La psychologie, pour mériter le titre d'expérimentale, doit se dégager d'un *a priori* indûment emprunté aux sciences physiques et d'une interprétation idéaliste du principe de causalité. En étudiant les lois psychiques qui se manifestent par l'enchaînement fixe des phénomènes, le psychologue ne doit pas nier le libre arbitre, pas plus que le physicien ne nie le caractère contingent et variable des produits de l'industrie. Rendue ainsi à sa vraie nature, la psychologie fera la part de la liberté et ne laissera pas subsister cette déchirure violente qui sépare la pensée théorique et la vie, et qui s'impose comme le résultat inévitable, faux et pénible d'une conception purement déterministe de la science universelle.

Pour en revenir directement à l'occasion qui m'a fait prendre la plume, je répète en terminant que celles des thèses de M. Flournoy qui conservent un caractère vraiment expérimental, me paraissent l'expression fidèle des données de l'observation, et que le travail de ce docteur en médecine, qui a une vue si juste des postulats de la morale, peut être d'un secours fort utile dans la lutte contre les tendances matérialistes auxquelles nombre de ses confrères n'obéissent que trop.

TABLE DES MATIÈRES

	Pages.
Avant-Propos.	V
Discours aux Étudiants suisses	1
La Science et le Matérialisme.	37
Appendice	85

GENÈVE. — IMP. M. RICHTER, RUE DES VOIRONS, 10.

18 September 28

Original en couleur

NF Z 43-120-B

www.ingramcontent.com/pod-product-compliance
Lightning Source LLC
Chambersburg PA
CBHW060628100426
42744CB00008B/1542